**김형석의
인생문답**

김형석의
인생문답

100명의 질문에
100년의 지혜로
답하다

미류책방

들어가는 말

100세의 나이를 넘기면서 지난 과거를 회상해 봅니다.

30세까지는 많은 책을 읽었습니다. 15세부터 읽기 시작했습니다. 존경하는 몇 지도자와 위인들의 전기를 읽었고, 톨스토이의 『전쟁과 평화』도 읽었습니다. 지금 생각해 보면 철없는 모험이었습니다. 충분히 이해하지도 못하면서 중단할 수 없어 완독했습니다. 그래도 고생이 헛되지 않았습니다. 소설인 줄 모르고 시작했는데 그 덕분으로 문학적 소양을 쌓을 수 있었습니다. 한국 문학을 이해하는 기틀이 되기도 했습니다. 일찍 기독교 신앙을 받아들였기 때문에 기독교에 관한 책도 여러 권 읽었습니다.

중학교 4학년부터는 사상과 철학 분야의 책도 읽었습니다. 1년 동안 신사 참배 문제로 휴학을 하면서는 무척 많은 독서를 했습니다. 학교의 1년보다 도서관의 한 해가 더 넓은 지식의 세계로 안내해 주었습니다.

일본의 대학 생활은 독서가 학생 생활의 90퍼센트를 차지했습니다. 강의를 이해하기 위한 독서도 필요했으나 나의 철학과 종교적 문제 해결을 위한 독서였습니다. 철학도가 되었다기보다는 내 사상과 철학을 찾아갈 터전과 씨앗을 심었던 셈입니다.

불행하게도 3, 4년의 공백기가 생겼습니다. 전쟁 말기의 학도병 문제, 해방과 공산 치하의 혼란, 6.25 전쟁의 소용돌이 속에서 겪은 삶과 시간의 손실 등입니다.

그래도 30대 중반부터는 다시 읽고 사색하는 과정을 거쳐 서서히 내 사상과 철학을 세상에 내놓기 시작했습니다. 독서가 강의와 집필 그리고 저서를 통해 사회적 관심과 사상계 무대에 등단하는 계기가 되었습니다. 40대부터는 누구 못지않게 많은 글과 책을 냈습니다. 그 후 30여 년 동안은 읽고 공부하는 노력으로 사상과 삶의 과제를 서술해 내는 기간으로 보냈습니다. 읽으면서 쓰는 노력과 쓰기 위해 연구하는 기간이었습니다.

지금은 대학을 떠난 지 30여 년이 되었습니다. 사회생활은 대학 생활보다 더 넓고 예상 못했던 많은 문제를 안겨주었습니다. 내가 대학 강의를 통해 해결하고 싶었던 개인적 학문이나 기대는 큰 의미를 갖지 못했습니다. 그래서 지금은 나도 모르게 철학적 과제보다는 인문학적 사유를 존중하게 되었고, 내가 갖고 있는 지식과 사상보다는 사회가 요구하는 문제와 가치관이 어떤 것인가를 묻게 됩니다. 사회는 우리가 감당할 수 없을 정도의 많은 문제를 갖고 있습니다. 그런 현실 문제에 해답을 줄 수 없는 사상과 철학은 점차 우리 곁에서 멀어지는 현상이 되었습니다.

이렇게 60여 년의 세월을 지나는 동안에 많은 사람들과 마음과 정신적 대화를 나누었습니다. 내가 전공했던 철학 자체보다는 인간적 삶의 가치와 의미, 인생관과 가치관의 문제, 인간의 본질과 운명에 관한 종교적 해석 등의 과제가 포함되어 있었습니다. 강의와 강연을 들은 수많은 사람들, 종교적 강연과 설교에 참여했던 신앙인들, 저서를 통해 내 삶과 사상의 문제 해결에 뜻을 같이 했던 모든 이들과 정신적 양식을 나눌 수 있었습니다. 그런 면에서는 내가 택한 직업과 장수의 혜택을 감사히 생각합니다.

만일 누군가가 그 복잡하고 다양한 인생의 과제들이 어떤 것이냐고 묻는다면, 공통된 문제가 더 많았다고 대답합니다. 누구나 갖고 있는 근본 문제의 공통점이 있기 때문입니다. '사람은 무엇을 위해 어떻게 살아야 하는가?' 하는 본질적 물음입니다. 내용과 지적 수준에는 차이가 있고 다양성이 있습니다. 그래도 다 함께 찾아 누리는 것이 자신의 인생관과 가치관입니다.

이번에 〈미류책방〉에서 그런 문제 해결의 길잡이가 되는 공통된 문제들을 정리해 보았습니다. 누구도 피할 수 없고, 인간다운 삶을 위해서는 외면할 수 없는 문제들을 선별해 보았습니다. 그중 30여 항목에 해당하는 내용을 간추린 것이 이 책이 되었습니다.

나는 독자들이 내 대답을 통해 어떤 결론을 내리기보다는 더 좋은 결론을 스스로 찾기를 권합니다. 사람은 누구나 다 같은 삶과 사상을 갖는 것이 아니기 때문입니다. 스스로 얻은 것이 각자의 삶의 양식이 됩니다. 그러나 삶의 동질성과 목표에는 공통점이 있습니다. 서로 대화를 나누는 책임을 포기해서는 안 됩니다.

함께 읽고 생각을 같이하는 동안에 최선의 인생관을 모색하며, 행복한 사회를 육성하는 일에 동참해 주기를 바라는 마음입니다.

2022년 새해를 맞으며

김 형 석

차 례

이 책은 103세 철학자가
인생에서 맞닥뜨리는 31가지 질문에 대해 답하는 형식의 글입니다.

20~60대 일반인 100명에게 궁금한 점을 받아

공통된 질문 31가지를 추리고,

노철학자의 답변을 녹취했습니다.

교수님의 육성을 최대한 살려 기록했습니다.

Q1

인생을 후회 없이 살려면
어떻게 해야 하나요?

요즘 주변을 둘러보면 90세는 보통이고
100세 어르신도 흔합니다.
긴 인생을 살아야 하는데 이왕이면 장기적인 계획을
세우고 준비를 해두면 좋을 거 같아요.
인생의 목적을 어디에 두고
어떻게 살아야 후회 없는 삶을 살 수 있을까요?

사람은 누구나 철들게 되면서부터 물어야 하는 문제가 있어요. 앞으로 내가 무엇을 위해서 어떻게 살아야 하는가? 그런 물음을 가져야 합니다.

인간이 동물과 다르다고 하는 것은, 동물은 그걸 묻지 않아도 괜찮은데 인간은 그 문제를 스스로에게 물어볼 수 있는 동안은 성장하고 보람 있게 살 수 있다는 것입니다.

나는 지금 나이가 많은 편이지만, 새해가 되면 '금년에는 어떤 일을 위해서 어떻게 살아야겠는가.' 그런 생각을 합니다. 그렇기 때문에 내 인생이 연장되는 겁니다.

학생 때는 '어떤 학생이 될까?' 직장에 가서는 또 '어떤 직장생활을 할까?' 직장이 끝난 다음에는 '어떤 사회인으로서 보람 있는 삶을 살 수 있을까?' 그런 문제를 계속해서 물으면서 사는 것이 아마 인생이 아닐까 하는 생각을 해봅니다.

나는 요즘 '내가 나를 위해서 어떻게 살아야 하는가?' '내가 늙는다는 것을 언제까지 극복할 수 있을까?' 이런 생각을 해요. 어떻게 보면 유치하지만 어떻게 보면 대단히 심각한 문제이기도 해요. 이제 내가 우선 드리고 싶은 얘기가 바로 그 얘기입니다.

내가 연세대학교 교수로 부임했을 때가 30대 중반쯤 됐어요. 그때 우리 선배 교수들이 "정년퇴직 했으니 이제 해방됐다."고 합디다. 그런 얘기를 들으면 '사람이 얼마나 오래 살면 회갑까지 사나? 나도 정년 될 때까지 살 수 있을까?' 하는 생각을 했어요. 회갑, 정년 그런 얘기는 다른 사람의 일이지 나와는 상관없는 일이라는 생각을 하고 살았어요.

그러고 한 25년쯤 열심히 교수 생활을 하다 보니 나도 모르는 사이, 잠깐 동안인 거 같은데 회갑이 되었어요. 회갑이 되고 나니까 다들 잔치도 해주고 기념 논문집도 발표하게 해주고 그래요. 그렇게 되니까 갑자기 날 늙은이로 취급을 해요. 내가 나를 살펴보면 늙은 건 하나도 없는데, 나는 그대로 있는데 옆에 와서 "건강은 괜찮으시죠?" "요새 뭘로 소일하세요?" 그렇게 물어요.

남들이 그렇게 대해주니 저도 마음의 다짐을 하게 됐어요. '이제 정년이 5년 남았는데 5년 동안은 정말 많은 일을 열심히 해야겠다.' 그래서 내 인생에서 60세에서 65세까지 제일 일을 많이 했어요. 정말 열심히 일했습니다. 왜냐하면 정년이 되면 내 인생이 끝나는 거니까요. 인생이 끝난다는 것은 사회 공간이 끝나고 가정으로 돌아가는 거죠. 가정이라는 좁은 생활 공간에 있다가 공동묘지로 가면 끝나는 것이 인생이니까요.

그렇게 5년간 많은 일을 하고 나니 대학에서 정년으로 나가라고 해요. 학교에서는 사회 관습이 그러니까 정년 돼서 나가라고 하지만 내가 내 인생을 버릴 수는 없으니까 '생각을 바꾸어야겠다.'고 마음먹었어요. 그래서 정년퇴직하는 기념 모임에 나가서 오기를 좀 부려봤다고 할까요. 혼자 가지고 있던 생각을 얘기했어요.

"학생들이 졸업하면 사회에 나가서 일을 합니다. 나도 이제 연세대학교 교수에서 졸업하게 됐으니까 졸업생으로서 사회에 나가 열심히 일해보겠습니다."

사람들이 웃더군요. 그렇게 퇴직 후에도 여전히 공부도 하고, 글도 쓰고, 강의도 하고 열심히 일하다 보니까 10년이 금방 갔어요.

내게는 소중한 두 친구가 있는데, 여러분이 나보다 더 잘 아는 숭실대학교 안병욱 교수와 서울대학교 김태길 교수예요. 두 분과 50년 동안 같은 분야에서 같이 일하고 같이 살아왔으니까 얼마나 가까운 친구인지 몰라요.

우리 셋이서 이런저런 얘기하다가 인생을 80년 넘도록 살아보니까 어느 때가 가장 행복하고 보람 있었는가? 하는 얘기가 나왔어요. 예를 들면, 계란에는 노른자가 있어서 병아리도 나오고 계란 구실을 하는데 우리 인생을 놓고 볼 때 계란의 노른자처럼 행복하고 보람 있고 알찬 황금기가 있었을 텐데 그때가 몇 살쯤이었을까? 그런 얘기가 나왔어요.

우리는 그래도 60세가 돼야 내 인생을 내가 사는 때가 오니까 인생의 황금기는 60세부터로 봐야겠다는 생각을 했어요. 60세는 내가 나를 믿을 수 있는 나이, 다른 사람을 따라가거나 믿고 사는 게 아니고 내가 나를 믿을 수 있는 나이라고 봤어요. 적어도 사회적으로 봤을 때 어른이 될 자격을 갖추고 존경받을 만한 인격을 갖추려고 하면 그래도 60세는 돼야겠다는 생각이었어요.

그런데 60세부터 시작해서 언제까지가 가장 행복하고 좋았는가? 황금기였다고 볼 수 있는가? 쭉 반성하고 종합해 보니까 60세에서 75세까지가 제일 좋았다는 결론에 이르렀어요. 75세까지 모든 것은 성숙하고, 내가 나를 믿고 살 수도 있고, 또 사회적으로도 인정받을 만한 나이가 되니까 60에서 75세까지가 인생의 황금기였다는 생각이었어요.

그러면 이제 75세까지 성장했으면 그다음에 이걸 어떻게 유지해 가느냐 하는 것이 문제예요. 거기서 다시 내려오고 말면 내 인생에 끝이 올 테니까 얼마나 연장할 수 있는가가 중요해져요.

셋이서 결국은 우리 문제니까 얼마나 갈 수 있을까 생각해 봤는데 85, 86세까지는 물론 유지할 수 있을 거고, 잘하면 90세까지는 가지 않을까? 그렇게 살아보자며 서로 격려하면서 헤어졌어요.

김태길 선생은 90세에 세상을 떠났는데, 세상을 떠나기 7, 8개월 전까지도 꾸준히 일을 하셨어요. 안병욱 선생은 93세에 가셨는데, 92세에 텔레비전에 잠깐 나와서 나라 걱정을 많이 하고 그랬어요. 아무튼 내가 보니까 90세까지는 연장할 수 있겠다, 그런 생각을 하게 됩니다.

그렇게 보면 내가 처음 생각할 때는 인생을 2단계로 본 거예요. 어려서부터 성장해서 30세까지는 넓게 보면 교육을 받는 기간이고, 30에서 65세까지는 직장에서 일하는 기간이고, 정년이 되면 내 인생이 끝난다고 생각했어요.

그런데 그게 아니고요. 30세까지는 교육을 받는 기간이었다고 봐도 좋고요. 65세까지는 직장에서 사회인으로서 일하는 기간이고요. 그렇다면 65세부터 90세까지는 어떻게 살았는가? 사회인으로 다시 태어나서 사회 속에서 내가 어떤 의미와 보람을 느끼면서 사는가? 그 기간이 추가된 거예요. 내가 살아보니까 인생은 2단계가 아니라 3단계로 살아야겠다는 생각입니다.

인생을 사과나무에 비유한다면, 사과나무가 크게 잘 자라게 되면 제일 좋은 때는 언제일까요? 열매를 맺을 때가 가장 소중한 때예요. 그렇게 본다면 인생의 열매를 맺는 3단계가 가장 보람 있고 의미 있는 시기라고 생각하는 것이 지혜로운 판단인 것 같아요.

나 자신이 살아보니까 90세까지는 늙는 게 아니에요. 90세까지는 누구나 똑같이 일할 수 있어요.

우리 철학과에 정석해 교수가 있었는데, 그분이 92세인가 93세쯤 되었을 때예요. 내가 그분을 모시고 어딘가 가고 있었어요. 차 안에서 심심하시니까 한참 가다가 나보고 이렇게 물어보셨어요.

"가만있자, 김 교수가 지금 연세가 어떻게 됐더라?"

"76세입니다."

그랬더니 아무 말씀도 없이 한참 있다가 혼자 하신 말씀이 뭔지 아세요?

"좋은 나이올시다."

그 이야기에 뭐가 깔려있는고 하니 "나도 76세 때쯤에는 정말 좋았는데, 그 나이가 다 지나갔구나." 하는 후회가 약간 섞여있는 거예요. 그런 소리를 들으면서 이다음에 내가 90세가 넘으면 그런 후회를 하지 않도록 인생을 3단계로 살아야겠다는 생각을 했었습니다.

Q2

행복한 노년이 되려면
무엇을 해야 하나요?

젊을 땐 열정으로 세상 무서운 줄 모르고 살지만,

나이가 들면 아무래도 몸과 마음이 위축되는 거 같습니다.

오늘이 어제 같고, 어제가 그제 같은 노년은 보내고 싶지 않은데요.

노년에도 새로운 즐거움이 있을까요?

행복한 노년을 보내려면 어떻게 해야 할까요?

우리보다 일찍 고령화 문제를 맞닥뜨린 나라가 일본이에요. 일본 사람들이 50년쯤 전에 이런 문제를 꺼냈어요.

'인생이 100년이라면 어떻게 살아야 지혜롭게 후회 없이 살 수 있을까?'

일반적인 결론은 크게 세 가지예요.

첫째, 60세가 넘으면 무조건 공부해라입니다.

내가 나를 정신적으로 키우고 성장해야 하니까 공부하라는 거예요. 60세 이후에는 지금까지 못했던 공부를 다시 시작하라는 뜻이 하나 들어가 있고요. 다른 하나는 60세 이후에는 독서를 많이 하라는 뜻이 또 있어요. 내 인생을 살찌우기 위해서, 남은 여생을 보람 있게 살기 위해서 지식이나 생활 내용을 풍부하게 공부해야 해요.

한 가지 확실한 것은 선진 사회라고 하면 어디를 가든지 독서를 생활화한다는 거예요. 그건 대단히 중요한 문제예요. 책을 읽는 사회와 읽지 않는 사회는 개인의 차이뿐만이 아니고 그 사회의 수준까지 결정을 지어요. 그래서 공부하고 독서하는 일은 내게 주어진 책임이라고 생각해요.

두 번째는 절대로 놀지 말라예요.

노는 사람은 인생을 잃어버리고 일하는 사람은 인생의 열매를 거둘 수 있어요. 봉사 활동을 해도 좋고 무슨 일이든 좋으니 일해야 해요.

얼마 전에 인생 상담을 하는 할머니 교수를 만났어요. 그분과 얘기를 나누다가 자기네가 상담을 하면서 항상 권하는 게 뭔고 하니, 시간의 여유가 있으면 봉사 활동을 하라는 거예요. 봉사 활동을 하는 사람은 행복하고, 하지 않는 사람은 인생을 잃어버린다는 그런 얘기예요.

봉사 활동을 해본 사람은 알아요. 남을 위해 봉사하는 것 같지만 그 봉사 활동을 통해 내가 더 보람을 느끼고 행복해져요. 90세가 되기 전에는 나 늙었다, 하는 생각을 절대로 가질 필요가 없어요. 90쯤 돼서 나 늙었다고 하면 그건 인정합니다. 저도 그걸 느꼈으니까요.

세 번째는 60세가 넘어서 이제 내 인생을 행복하게 살겠다고 생각하는 사람들은 취미 활동을 시작하라는 거예요.

노년이 되어 새로운 행복을 찾는 방법은 공부하고, 일하고, 취미 생활을 시작하는 거예요. 앞으로 주어지는 세월을 아무 준비도 없이 지내면 결국은 공허한 삶을 살 수밖에 없어요. 그러나 이 세 가지 중 하나라도 계속한 사람은 보람과 행복을 누리고, 자녀들로부터는 존경을, 이웃과 더불어는 즐거움을, 사회적으로는 고마움을 받으면서 살 수 있습니다.

그런데 제가 살아보니까요, 90세쯤이 인생의 고비였어요. 두 친구도 먼저 가고요, 주변에 있는 사람들이 다 세상 떠나고 나 혼자 남은 것 같았어요.

그렇다고 해서 내가 내 남은 인생을 남과 같이 버릴 수는 없으니까 나름대로 글을 쓰고 강연도 하고 또 일을 계속하고 그러니까 95세쯤 되었어요. 이제는 내가 늙었다는 것을 숨길 수가 없어요. 왜냐하면 내 신체가 늙으니까 어떻게 할 수 없어요.

지금까지는 내 신체 건강이 내 정신을 이끌고 왔는데, 90세가 넘으면서부터는 내 정신적 건강이 신체를 끌고 가는 그런 상황을 느끼고 있어요.

그런데 내가 경험했으니까 드리는 말씀인데, '정신은 언제부터 늙는가?' 생각해 보면, 사람의 정신력은 좀처럼 늙는 게 아니라고 생각해요.

물론 50대쯤 되면 기억력이 약화돼요. 그래서 깜빡깜빡 잊어버린다고 얘기하는데, 그건 절대 걱정할 필요가 없어요. 왜냐하면 그 나이쯤 되면 기억력이 떨어지는 게 당연해요. 기억력이 멎으니까 그 대신 사고력이 올라가는 거예요.

사고력은 기억력보다 소중해요. 그래서 사람은 60세가 넘으면서 큰일을 하게 되는 거예요. 나이가 들어서 리더가 되는 것은 기억력은 멈춰지더라도 사고력, 창조력이 확장되기 때문에 가능한 거예요.

내가 경험했으니까 분명히 말씀드릴 수 있는데, 노력하고 잘 준비하면 신체가 늙는다고 해서 정신력까지 늙는 것은 아니에요. 나의 정신력은 내가 더 많이 키울 수 있다고 보는 거예요. 의사나 과학자들 가운데 인생을 길게 보는 사람들에 의하면, 뇌의 기능은 좀처럼 늙지 않는다고 해요. 과학적 실험도 그런 걸 증명하고 있다고 하죠.

일은 왜 하는 걸까요?

요즘 젊은이들은 바짝 돈을 모아서
40세에 은퇴하는 게 꿈이라고들 합니다.
일은 왜 하는 걸까요? 돈이 많으면 일을 안 해도 될까요?
오로지 돈이 일의 목적일까요?
아니면 그 이상의 의미가 있는 걸까요?

사람은 살면서 직업을 갖게 돼요. 대개 30세에서 65세까지 일을 하면서 경제적 문제를 해결하죠. 나 역시 30여 년간 직장인으로 일했는데, 사회생활을 하는 동안에 느낀 것, 깨달은 것은 무엇인가에 대해 이 자리에서 말씀드려볼까 합니다.

요새 금수저 흙수저 얘기를 많이 하는데, 특수한 사람들이 있을지는 모르겠으나 대부분 사람들이 직장과 관계되는 첫째 조건은 경제적 조건이에요. 먹고살아야 하니까요. 또 가정을 이끌려면 경제적인 조건이 세워져야 하죠.

내 얘기를 좀 하면, 나는 40세가 될 때까지 가난하게 살았어요. 본래 가난한 가정에서 자라 일본에서 대학을 다닐 때는 아르바이트를 하며 지냈고, 해방이 되고는 무일푼으로 남으로 내려와 처음부터 다시 시작을 해야 했어요.

중앙중고등학교에서 일하면서 겨우 안정을 찾는가 싶었을 때 6.25 전쟁으로 모든 것이 다시 수포로 돌아갔어요. 정전(停戰)이 되고 서울에 왔을 때 대학으로 옮기라는 제안을 받았어요. 1년여 고민을 하다가 뒤늦게 연세대학교로 옮기면서 3, 4년 동안은 경제적으로 정말 힘들었어요. 그 당시 내게는 책임져야 할 부양가족이 11명이나 됐거든요.

그나마 내가 중앙학교에 있을 때는 교감이었기 때문에 사택이 있었어요. 그래서 그 직장에 있는 동안 집 걱정은 안 했는데, 연세대학교로 직장을 옮기게 되니까 집이 없어졌어요. 집 없이 산다고 하는 고충을 나도 많이 겪었습니다.

그리고 또 이건 누구 책임이라고 얘기할 순 없습니다만, 그때만 해도 아들딸 가리지 말고 둘만 낳아서 잘 키우자고 하던 때였는데, 나는 애들을 여섯을 키웠어요. 거기다 6.25 전쟁 끝나면서 북한에 있던 어머니가 동생 셋을 데리고 서울로 왔는데, 그 세 명이 모두 대학교와 고등학교에 갈 나이였어요.

그러니까 연세대학교에 가기로 정하기는 정했는데, 나 혼자 월급으로 집도 없이 11명을 부양하느라 얼마나 고생했을지 아마 짐작하실 수 있을 거예요.

중앙학교의 사택을 비워주고 갈 곳 없이 헤매다가 겨우 셋방을 얻었어요. 방이 두 칸이었는데, 방값은 예상보다 적었어요. 나중에야 알게 되었는데, 그 셋방은 우리가 들어가기 얼마 전에 살인 사건이 일어난 흉가였어요. 그래서 입주하려는 사람이 없었던 거죠. 그런 사실을 몰랐고 이웃집에서도 그 사실을 비밀에 부치고 있었기 때문에 마음 편히 몇 해를 살았어요.

그래도 내가 가진 신념은 뭐고 하니, 우리 가정 경제는 내가 책임을 맡아야지 누구 도움을 받거나 다른 사람에게 피해를 끼쳐서는 안 된다는 거였어요. 수입이 생기는 일이면 뭐든지 해야 했어요. 여러 대학에 강사로 나가고 고생을 참 많이 했죠.

그런데 어느 대학에서 나한테 전임 대우를 해줄 테니까 다른 대학의 시간은 다 없애고 연세대학교와 자기네 대학만 강의를 할 수 없느냐고 해서 받아들이게 되었어요. 그때 되어서야 비로소 안정이 되었어요.

그렇게 사는 긴 세월 동안은 왜 일을 하느냐고 물으면 돈이 필요해서, 돈을 벌기 위해서라고 대답했습니다. 그 당시 "두 곳에서 강연 청탁이 왔는데 어디로 가는 것이 좋을까?"라고 내가 아내에게 물으면, 아내의 대답은 간단했어요. 돈을 많이 주는 곳으로 가면 되지 않느냐는 것이었죠.

그러다가 내 생활을 바꾸는 작은 계기가 하나 생겼어요.

지방에서 중고등학교 교감으로 있는 제자가 하루는 나를 찾아왔어요. 대구에 있는 중고등학교 선생님들을 위한 강연에 강사로 와달라는 요청이었어요.

그런데 내가 가고 싶은 생각도 있고, 가긴 가야겠는데, 같은 토요일 같은 시간에 삼성그룹의 강연에 약속이 되어있었어요. 사정을 말하고 갈 수 없다고 했을 때 제자의 표정은 나를 원망하는 듯 보였어요. '교육자가 교육계를 뒤로 하고 수입이 많은 곳으로 가나?' 하는 배신감 비슷한 심정을 느낀 것 같았어요. 내 강의를 들어온 제자이기에 더욱 그랬을 거예요.

잠시 생각을 정리해 봤어요.

삼성그룹에 가면 오고갈 때 차도 보내주니까 고생 안 하죠, 강사료도 많습니다. 대구에 가면 온종일 고생해야 하는데 강사료는 훨씬 적어요. 그런데 내 마음속으로 가고 싶은 곳은 대구의 교육계 후배들을 위한 강연이었어요.

내가 한평생을 살아도 이렇게 소중한 강연 시간이 없겠는데, 가야겠는데, 선약이 있기 때문에 못 가겠고……. 그래서 마음의 고민을 좀 했어요. 결국 삼성그룹에 연락해서 양해가 되고 대구에 다녀왔어요. 고생한 셈이죠. 강사료는 물론 적었고요.

서울역에 늦게 내려서 버스를 타고 집에 오면서 내 스스로가 뿌듯한 생각이 들었어요. 내 선택이 옳았다는 확신이었죠.

지금까지는 내가 가난하고 어려우니까 수입 때문에 그렇게 살았지만, 앞으로는 돈 때문에 일하는 인생은 접어놓고 무슨 일이 더 보람 있나? 무슨 일이 더 가치 있나? 일의 가치를 찾아서 사는 쪽으로 내 인생을 좀 바꾸자는 생각을 했습니다.

그러고 한 2~3년 지나는 동안에 사실 생활을 좀 바꿨습니다. 그렇게 10여 년 가까이 살아보니까 이제 내 판단이 옳았다는 생각을 갖게 됐죠.

그렇게 생활하니까 두 가지 큰 변화가 생겼습니다.

첫째는, 돈 때문에 일하고 직장생활을 할 때는 항상 피곤하고 고달팠어요. 안 하면 좋겠다는 생각이 날 정도까지 어려웠어요. 그런데 일의 가치를 찾아서 일을 즐기기 시작하니까 일이 그렇게 행복할 수가 없어요. 같은 일을 해도 더 하고 싶고, 더 즐겁고, 더 많은 일을 할 수가 있어요. 일에서 행복을 찾는다는 것을 비로소 그때 느꼈습니다.

그다음에 두 번째 변화가 왔는데, 수입을 위해서 일할 때는 일이 수입과 더불어 끝나요. 돈 때문에 일했으니까 돈이 들어오면 그걸로 끝나요. 그런데, 일의 가치를 찾아서 일하니까 그 일이 또 다른 일을 만들고, 그 일이 또 다른 일을 만드니까 일이 일을 더 많이 만들게 되었어요. 그러니까 수입도 돈을 위해서 일할 때보다는 일을 위해 일할 때가 더 올라갔어요.

아까 내가 연세대학교 가서 몇 해 동안 가난하게 살았다고 말씀드렸잖아요. 그때를 생각해 보면 좀 우습기도 하고 부끄럽기도 해요. 그때는 모두들 가난하게 살 때니까 제일 좋은 때가 봉급 받는 날이었어요. 봉급이 올랐다, 보너스가 나왔다 하면 교수들이 다들 좋아했어요. 나도 그랬고요.

얼마 동안 대학 생활을 하다 보니까 등록금을 내지 못해서 고생하는 학생들을 알게 됐어요. 하숙방에 들지 못해서, 잘 곳이 없어서 친구 집을 찾아다니는 제자들이 있는 걸 볼 때는 아, 내가 봉급이 올랐다고, 보너스가 나왔다고 좋아했던 게 행복이 아니었구나 하는 걸 느꼈어요. 저런 제자들에게, 저런 가난한 가정에 도움을 주는 사람이 더 행복했구나 하는 걸 깨달았어요.

그럼 이제 누가 성공했는가? 누가 행복했는가? 그런 생각을 하는데, 일의 목적을 소유에 둔 사람은 모든 걸 잃어버리지만, 다른 사람과 더불어 함께 얻은 것에 둔 사람은 영원한 기쁨을 얻게 됩니다.

인생은 더 많이 줄 수 있는 사람이 행복합니다. 더 많은 사람에게 주는 것까지가 내가 내 인생을 완성하는 길이에요.

일의 목적을 소유에 둔 사람은
모든 걸 잃어버리지만,
일의 가치를 찾아 다른 사람과 더불어 산 사람은
영원한 기쁨을 얻게 됩니다.
인생은 더 많이 줄 수 있는 사람이 행복합니다.
더 많은 사람에게 주는 것까지가
내가 내 인생을 완성하는 길이에요.

Q4

행복이란 무엇인가요?

다들 행복을 원합니다.
그러면서도 무엇이 행복인지는 잘 모릅니다.
행복해지고 싶으면 싶을수록
행복은 더 멀어지는 것도 같습니다.
행복이란 과연 무엇일까요?
우리는 언제 행복할까요?

1960, 70년대에는 연세대학교 규모가 작았기 때문에 새해가 되면 교수들이 하례식에 모두 모였어요. 그때 교수들이 서로 나누는 인사가 "새해 복 많이 받으십시오."였어요.

그런데 신과대학의 한 미국인 교수도 나하고 인사하면서 "새해 복 많이 받으십시오." 해요. 내가 웃으면서 "복 많이 주실래요?" 했더니 "저는 줄 복이 없고요, 하느님이 주실 겁니다." 그래서 "고맙습니다." 했어요.

우리는 새해가 되면 복이라는 개념을 많이 쓰는데, 우리가 생각하는 복은 행운 같아요. 복권에 당첨되어서 부자가 되는 그런 것을 복이라고 생각하는 것 같거든요.

그런데 마라톤 경기를 뛰는 사람이 행복해지기 위해서 뛰는 경우는 없거든요. '우선 최선을 다해서 달려야겠다. 그래서 1등을 하겠다. 그때 내가 상을 받는다. 내가 참 노력 많이 했더니 행복해졌다. 다른 사람들도 나한테 고맙게 생각해 준다.' 그게 행복입니다.

행복은 목적 개념이라기보다는 인간답게 살았을 때, 내게 주어진 책임을 다했을 때 주어지는 느낌, 그때 갖게 되는 정신적 보람, 아마 그렇게 봐야 할 것 같아요.

잘못 생각해서 '많은 것을 소유하게 되면 내가 행복해질 것이다, 그러니까 욕심스럽게 살아보자.' 그런다면 그건 행복이 아니죠. 다른 사람 것까지 끝까지 빼앗아서 더 많이 가지게 된다고 행복해지지는 않아요.

그러니까 행복은 인간답게 사는 노력, 과정, 그 성취에서 주어지는 것이라고 보는 게 좋을 것 같습니다.

성적이 좋았다든지, 좋은 대학에 입학한다든지, 또 사랑하는 여자 친구가 생겼다든지 하는 그런 행복은 젊어서 느끼는 거지요. 살아보니까 30세쯤 될 때까지는 그렇게 산 것 같아요.

그러다가 직장을 갖고 사회생활을 쭉 하게 되면 성공하는 사람이 행복하더라, 그러니까 행복은 성공과 더불어 오더라, 이렇게 볼 수 있어요. 행복보다도 성취하려는 노력을 많이 했던 거 같아요.

그다음에 65세 정년퇴직하고 사회인이 됐는데, 그때부터 지금까지 긴 세월을 사는 동안에 행복이라는 것은 어떻게 나타나느냐 물어본다면, 사회에 무엇을 주었는가 하는 그 보람, 내 삶의 의미와 가치가 우리 사회에 얼마나 주어졌는가 하는 그 보람에서 행복을 느끼는 것 같아요.

만약에 누가 나보고 "100세가 될 때까지 사셨는데 행복하셨습니까?" 물으면 "젊었을 때는 그런대로 즐겁게 살았고, 교수 생활 할 때는 나름대로 성공했고, 늙어서는 그래도 사회에 무엇인가 조금씩 주고 있으니까 행복했습니다. 여러분도 그렇게 사시면 아마 행복하실 겁니다." 라고 말하고 싶어요.

그렇게 본다면 행복을 목적으로 삼고 찾아가는 사람은 오히려 행복을 놓칠 수가 있어요. 욕심이니까요. 나에게 주어진 책임과 사회적 책임을 다 맡아서 내 인격을 갖추게 되면 행복은 자연히 따라오니까 누구든지 행복하게 살 권리는 있다, 불행해질 사람은 없다, 이렇게 말하고 싶어요.

그런데 그런 행복을 욕심내기 때문에 오히려 행복을 잃어버려요. 이기주의자가 행복을 원하고 행복을 위해서 살 때는 행복이 없어지는 거죠. 내 인격을 갖추어서 사람답게 살고 사회인으로서 공동체의식을 가지고 사는 사람 중에 사실 불행해진 사람은 또 없어요.

많은 철학자들이 행복론을 피력했습니다. 그러나 그 학설을 읽거나 이해했다고 해서 우리가 행복해지는 것은 아닐 겁니다. 신부님이나 목사님, 스님들도 항상 행복을 가르칩니다. 그렇다고 해서 그 설교자나 강론자가 누구보다도 행복한 것은 아니에요. 오래전에 나는 신과대학에서 기독교 윤리를 강의하면서 미국의 대표적인 신학자 람제이 교수의 책을 참고한 일이 있었습니다. 그로부터 몇 해가 지난 후 미국에 머물면서 그 교수의 근황을 물었어요. 그러자 상대방이 목소리를 낮추면서, 그 교수가 얼마 전 자살을 했다는 뜻밖의 소식을 전해주더군요.

그렇다면 행복은 어디서 어떻게 찾아야 하는가? 살아보니 행복은 주어지거나 찾아가는 것이 아니었어요. 언제나 우리들의 생활과 삶 속에 있었습니다. 나는 사랑이 있는 곳에는 언제나 행복이 함께 한다는 사실을 경험을 통해 깨달았어요.

또 하나는 감사의 마음이 낳는 행복입니다. 자기 자신이 행복하면서 다른 사람에게 행복을 나누어 주는 사람들이 많이 사용하는 말 중의 하나가 "감사합니다."예요. 성경에도 '모든 일에 감사하라.'는 교훈이 들어있어요.

요즘은 많은 사람들이 집의 노예가 된 것 같아요. 집값 올리기 위해서 이사 가고, 또 고급 아파트로 이사 가고, 그렇게 사는 사람들은 결국 인생을 낭비하는 게 아닌가 그런 생각을 해봐요. 재미있는 얘기 하나 하면요, 미국 사람들이 농담 삼아 하는 얘기가 있어요. 별장과 요트와 애인은 처음 생길 때는 즐겁고, 처분할 때는 만족한다는 얘기예요.

적지 않은 사람들이 재산이나 권력, 명예 같은 것을 소유하기를 원하고 그것을 얻었을 때 만족감을 느껴요. 그리고 그것을 행복이라고 생각해요. 그러나 이런 것들은 소유에 해당하기 때문에 상실했을 때는 고통과 불행으로 바뀌게 돼요.

그런 것을 인생의 목적으로 삼는 사람은 소유의 노예가 되어 정신적 행복은 누리지 못합니다. 나를 위한 욕심에 빠진 사람들은 욕심 때문에 모두를 다 잃어버리고 헛되이 되고 말아요.

그런 사람들에게 결핍된 것이 무엇인가 생각해 보면, 인생에 있어서 정신적 가치의 중요성을 모르는 것 같아요. 그런 사람들이 끝없는 소유욕에 빠지게 되죠.

그런데, 정신적 가치는 내가 가질 수가 없거든요. 나누는 것이지 소유하는 것은 아니에요.

로맹 롤랑이라는 프랑스 작가가 있어요. 그 사람이 『장 크리스토프』라는 작품을 끝내고 아마 대단히 만족했나 봐요. 친구가 찾아오니까 "이렇게 좋은 작품을 내가 누구한테 주나? 차라리 나 죽을 때 관에 넣어서 갈까 보다."라고 했대요.

너무 사랑하기 때문에 남 주기는 아깝고, 그러니까 죽을 때 관에 넣어서 가자는 생각이지요. 만약에 그렇게 했다면 어떻게 됐을까요? 누가 없어지느냐? 로맹 롤랑 작가가 없어지는 거거든요.

정신적 가치는 나누어 가지게 되어있어요. 삶의 가치를 높일수록 인생이 귀하고 영광스러워지는 겁니다.

여러분들도 그런 생각을 좀 해보면 어떨까요? 부담스럽다고 생각하지는 말고요, 누구나 그런 생각을 할 수 있고, 또 해야 합니다. 그런데까지 우리 생각의 차원을 좀 높였으면 좋겠다는 생각을 해봅니다.

돈은 얼마큼 가져야 행복할까요?

돈이 없을 땐 돈만 많으면 행복할 것 같아요.
돈만 있으면 뭐든 척척 해결되는 세상에 살고 있으니까요.
그렇다면 부자들은 다 행복할까요?
꼭 그런 거 같지도 않습니다.
돈과 행복의 상관관계는 얼마나 될까요?
재산은 어느 정도 있어야 행복할까요?

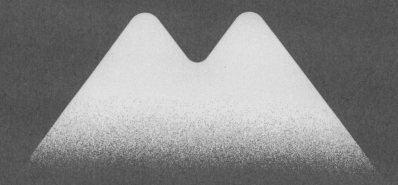

나는 중학교 2학년 때부터 톨스토이를 존경하고 좋아했어요. 그 무렵 읽은 톨스토이 우화를 소개할게요.

한 가난한 농부가 있었어요. 평생 소원이 남처럼 내 땅을 가져보는 것이었어요. 어느 날 신문에서 뜻밖의 광고를 봅니다. 러시아의 한 귀족이 원하는 사람에게는 돈을 받지 않고 농토를 나누어 준다는 내용이었어요.

농부가 그 귀족을 찾아가 사실이냐고 묻자, 귀족은 "얼마나 많은 땅을 원하느냐?"고 되물었어요. 농부는 아침에 해가 뜰 때 출발해서 해가 지기 전까지 밟고 돌아오는 모든 땅을 받았으면 좋겠다고 했어요. 귀족은 내일 아침 해가 뜨기 전에 저 언덕 위에서 만나자고 약속했어요.

농부는 무척 흥분했어요. 내일이면 나도 내 땅을 갖는다고 생각하면서 밤을 지새웠어요. 약속한 날 아침, 언덕 위에 도착한 농부는 해가 동쪽에서 올라오는 것을 보면서 "이제부터 달리기 시작할게요." 했어요. 귀족은 "해가 지기 전에 돌아와야 하네."라고 답했어요.

농부는 뛰고 또 뛰었어요. 점심시간이 되었지만 '점심 먹을 시간이 어디 있어? 한 발자국이라도 더 달려야지.' 하면서 준비해 온 도시락도 내던졌어요. '어차피 내일부터는 이 좋은 땅들이 내 것이 될 텐데.'라는 생각이었어요.

한참을 그렇게 달린 후, 너무 멀리까지 온 것 같다고 생각한 농부는 되돌아 다시 뛰기 시작했어요. 태양은 벌써 서쪽 하늘로 지고 있었어요. 농부는 죽을힘을 다해 달려 겨우 언덕에 도착해서는 "아직은 해가 조금 남아있습니다."라고 말하며 쓰러졌어요.

귀족은 "그래, 모두 자네 땅이 되었네."라고 말하며 농부가 일어서기를 기다렸어요. 그런데 한참이 지나도 농부는 일어서지 않았습니다.

귀족이 "이 사람아, 이제는 일어나야지." 하고 어깨를 들춰보았더니 너무 기진맥진했는지 농부는 이미 숨을 거둔 뒤였어요.

귀족은 종을 불러 거기에 땅을 파고 묻어주라고 하면서 "이 사람아, 사람은 한 평 땅에 묻히면 그만일세. 그리고 그 정도 땅은 누구나 갖게 되어있는데 공연히 애태우다가 죽었구먼……." 하고 혼자 중얼거렸어요.

나는 어린 마음에 그 동화를 읽으면서 세상에 그 농부같이 어리석은 사람이 또 있을까, 하고 생각했습니다. 그런데 돌이켜보면 어리석은 사람은 그뿐만이 아니에요. 많은 사람들이 그렇게 살고 있거든요. 나 자신도 때로는 그렇게 살았고요.

소유욕에는 끝이 없기 때문에 결국은 불행을 자초해요. 돈과 재물은 우리를 유혹합니다. 더 많이 가지라고 속삭이고, 혼자 다 가지라고 유혹해요. 그러고는 남의 것까지 빼앗아 가지라고 부추겨요. 그런 유혹에 빠지는 사람은 돈과 재물을 위해 모든 것을 바칩니다. 심지어는 자신의 인격과 인생 자체를 희생하기도 합니다.

내가 항상 가족들이나 제자들에게 권하는 교훈이 있어요.

"경제는 중산층에 머물면서 정신적으로는 상위층에 속하는 사람이 행복하고, 사회에도 기여하게 된다."는 충고예요.

그렇다면 사람은 어느 정도의 재산을 갖고 사는 것이 좋을까요?

그의 인격 수준만큼 재산을 갖는 것이 좋아요. 인격의 성장이 70이라면 70의 재물을 소유하면 돼요. 부모로부터 아무런 준비 없이 90의 재산을 물려받게 되면 그 분에 넘치는 20의 재산 때문에 인격의 손실을 받게 되며, 지지 않아야 할 짐을 지고 사는 것과 같은 고통과 불행을 겪게 되거든요.

내가 아는 어떤 분은 왕실의 후손으로 재산이 많았어요. 본인도 어느 정도 유능했기 때문에 명문 대학을 졸업했어요. 그러나 그 유산을 지키고 관리해야 했기 때문에 직업도 가져보지 못했어요. 67세가 되었을 때 나에게 하는 고백이, 차라리 그 재산이 없었다면 떳떳한 사회인으로 보람 있게 살았을 텐데 재산을 지키기 위해 자기 인생을 다 낭비하고 말았다는 후회였어요.

물론 독립된 인간으로서 자기 경제를 책임질 정도의 재산은 있어야 할 거예요. 가장으로서 가정을 꾸려가고 자녀들의 교육을 책임질 수 있는 재산은 필요해요. 여유가 생긴다면 어느 정도의 취미 생활이나 여행 등을 즐길 수 있으면 더 좋을 거고요.

그러나 너무 많은 재산은 때로는 화의 근원이 되기도 합니다. 우리는 돈 때문에 형제끼리 심하게 싸우는 것을 봐요. 부자간이나 모자 관계에도 원수지는 일들을 자주 보죠.

가난한 사람들은 가난하기 때문에 생존 경쟁의 대가를 치르기도 하나 부유한 사람들은 더 많은 부를 차지하기 위해 소중한 인생을 헛되이 끝내기도 합니다. 많은 재물을 소유하고 있으면서 정신적으로 빈곤한 사람은 마치 한여름에 두꺼운 겨울옷을 입고 즐기는 것 같은 어색한 인생을 살게 되어있어요.

강연을 위해 부산으로 내려가는 열차 안이었어요. 앞자리에 앉은 가톨릭 수사(修士)와 얘기를 나누는데, 간단한 음식물을 판매하는 승무원이 우리 앞을 지나가자 그 수사가 빵과 사이다를 사면서 내 것까지 주문을 했어요. 내가 "괜찮다."고 하는데도 자기가 대접을 하고 싶으니까 그대로 받아주면 감사하겠다고 했어요.

"나는 교수니까 괜찮지만, 수사께서는 여유가 없으실 텐데요?"라고 했더니, "필요한 경비는 받아서 왔습니다. 돌아가서 남은 돈은 반납하면 됩니다."라고 해요. 빵값은 액수가 적어서 마음대로 쓸 수 있다고 덧붙였고요.

그의 얘기를 들으니 수도원에는 '3무(無) 규칙'이 있다고 합니다. 무소유(가난), 무언(침묵), 무이성(여성). 수도원에 있는 동안은 그 세 가지에 대해 엄한 규제를 받는다고 합니다. 돈은 허락을 받고 외출했을 때 규정대로 사용할 수 있으나, 수도원 안에서는 가질 필요조차 없고요. 수도원에서 세상을 떠나게 되면 경제적으로 완전히 무소유가 된다고 합니다.

스님이나 신부님들 중에서는 무소유의 삶을 실천하는 분들이 많습니다. 이런 분들은 인생의 먼 길을 찾아가는 사람들에 비유할 수 있어요. 먼 길을 가는 사람은 많은 것을 갖고 떠날 수가 없거든요. 부담스러운 짐이 되기 때문이죠. 짐이 없을수록 편해요.

예전에 전방 부대에 강연을 다니면 사단장실에 들를 때가 있는데, 간단한 짐만 챙겨놓고 사는 삶이 참 부러웠습니다. 우리들 삶도 그렇게 간단하게 살 수 있다면 참 좋겠단 생각이 들었습니다.

'욕심은 죄를 잉태하며 죄는 사망에 이르게 한다.'는 교훈은 진실입니다. 살다보면 소유의 그릇은 크지 않아요. 그러나 베풀 수 있는 그릇은 얼마든지 넓힐 수 있는 것이 인간의 사회적 삶입니다.

내가 사랑하는 사람들이 가난하게 사는 것을 보면서 나만 부를 소유하겠다는 사람은 이미 사회로부터 버림을 받고 있는 거예요. 사랑하는 사람들에게 재물을 나누어 줄 수 있어 그들이 인간다운 삶을 누릴 수 있다면, 내 소유를 위해 욕심을 부릴 수는 없을 거예요.

많은 재물을 소유하고 있으면서
정신적으로 빈곤한 사람은
마치 한여름에
두꺼운 겨울옷을 입고 즐기는 것 같은
어색한 인생을 살게 되어있어요.

내가 나답게 살려면
어떻게 해야 하나요?

사람들은 남의 시선에서 자유롭지 못한 거 같습니다.

남의 칭찬이나 인정을 받고 싶은 욕구도 크고요.

내가 나답게 살고 싶어도 나를 방해하는 요소들입니다.

그런데 생각해 보면 내 인생은 내 거거든요.

누가 뭐래도 나답게 살고 싶어요.

내 인생을 누가 대신 살아주는 게 아니잖아요.

후회 없이 내 인생을 살려면 어떻게 해야 할까요?

어렸을 때 내가 우리 집에서 장손이니까 누구든지 나에 대해서 이야기할 때 "장손, 장손" 그랬어요.

"우리 장손이 배고프겠다, 먹을 거 줘라."

"우리 장손 어디 갔다 오느냐?"

그래서 내가 나인 줄 모르고 장손인 줄로만 알았어요. 그러다가 이제 밖에 나가고 친구들을 만나니까 나보고 장손이라고 안하고 형석이라고 부르거든요. 가만히 생각해 보니까 '그래, 나는 장손이 아니고 형석이야.' 이런 생각이 들었어요.

그렇게 사람들이 자기 자신을 모르고 남들이 나를 생각하는 대로 살다가, 언젠가 한 번은 '나는 다른 사람들하고 다르다. 다른 사람하고 꼭 같지 않다.' 그렇게 자기를 느끼는 때가 오는 것 같아요.

내가 중학교 1학년 크리스마스에 두 목사님의 설교를 듣고서 '하느님이 계시고, 예수님이 나와도 함께 하시는구나.' 하는 것을 일찍 깨달았어요.

그것을 깨닫고 나니까 과거의 나하고 깨달은 이후의 나하고는 완전히 달라지데요. 그게 뭔고 하니, 내게는 나도 몰랐던 내 인생이 있다, 내 속에는 다른 사람과 같은 내가 아니고 내가 아니면 안 되는 내 인생이 있다, 그런 생각을 가지게 되었어요.

그리고 중학교 2, 3학년쯤 돼서 나도 모르게 나를 발견하는 과정이었는데, 윤동주 시인이 같은 반이었어요. 윤동주 시인은 가만 보니까 '나는 시인으로서 출발해서 시인으로서 내 인생을 끝낸다.'는 걸 확실히 가지고 있데요. 아, 저 친구는 50, 60세가 돼도 시인이겠구나. 그래서 부러웠어요. 나는 그때 그런 게 없었거든요.

그리고 조금 선배인 황순원 작가가 있었는데, 그분은 그때부터 '나는 소설과 더불어 내 인생을 살고 문학과 더불어 내 인생을 이끌어간다.'는 생각을 뚜렷이 가지고 있었어요. 그러고 보니까 두 사람은 나보다 더 자의식이랄까? 그런 게 또 하나 있었던 셈이에요.

나도 중학교에 들어가 철학책을 비롯해 많은 책을 읽고 일제 강점기에 여러 시련을 겪고 나니까 중학교 4학년쯤 되면서 이런 생각이 들었어요. '내가 철학을 통해 내 인생을 살아갈 수 있지 않을까? 내 인생에 또 새로운 인생이 태어날 수 있지 않을까?' 그래서 생각을 바꾼 것이 오늘까지 온 셈이죠.

사람의 인생이라는 게 뭔가 하는 생각을 해보는데, 내가 사과나무면 이제 사과나무 하나를 심어놓고서 그 나무를 키워가는 것이 인생이라고 생각해 볼 수 있을 것 같아요.

사람은 자기 인생의 길에서 스스로의 가치관을 가지고 행복을 누리면서 살면 됩니다. 내 인생의 잣대를 갖고 남을 평가하거나 같아지기를 바라는 것은 잘못이에요. 그럼에도 불구하고 우리는 잠재적으로 '너는 왜 나나 우리와 다르냐?' 하는 생각을 갖고 사람들을 대해요. 응당 다른 면이 있다는 것을 인정하고 좋은 점을 받아들이는 열린 마음이 있어야 합니다. 그런 마음을 갖고 있으면 시기나 질투를 하는 일이 없을 거예요.

내가 하는 일에서 성공과 행복을 누리면 됩니다. 각자의 인생에서 성공과 즐거움을 찾으면 돼요. 그런 열린 마음을 갖지 못하는 사람들이 이유도 필요성도 없이 남과 자신을 비교하면서 열등감이나 불행 의식에 빠집니다. 그것이 시기와 질투심을 유발하게 됩니다.

이상한 것은 시기하는 마음이나 질투심은 같은 분야에서 일하는 사람들 사이에서 발생해요. 같은 종목의 운동선수들, 같은 분야의 예술가들, 한 사회에서 일하는 직업인들, 같은 대학에 있는 교수들 간에서도 그런 현상이 나타납니다. 이럴 때 가장 중요한 것은 공동의 목표를 갖는 거예요. 일이나 활동의 공동 목표가 뚜렷할 때는 시기심보다는 협조하는 마음이 앞서며 질투하는 마음보다는 칭찬해 주고 싶은 생각이 앞섭니다.

축구 경기를 생각해 봐요. 11명의 선수가 모두 같은 목표를 바라보며 단결하기 때문에 시기하는 생각이나 질투심이 사라집니다. 오히려 서로 위해주면서 칭찬하는 것이 보통이에요. 우리는 그런 것을 선의의 경쟁이라고 보죠. 주어진 같은 목표를 위해서는 하나가 되며 서로 돕고 의지하게 됩니다.

그런데, 아마 이렇게 보면 좋을 거예요. 연세대 사학과를 졸업하고 대구에서 중고등학교 교사로 있는 제자를 만난 적이 있어요. 그가 나보고 "대학에 있을 때는 열심히 강의도 듣고 공부도 했는데, 졸업하고 2~3년이 지나니 배운 내용들을 모두 잊어버리고 말았어요."라고 해요. 내가 웃으면서 "이상하다? 나는 대학 다닐 때 들었던 강의 내용의 줄거리는 지금도 기억하는데."라고 했어요. 그 제자는 "선생님은 기억력이 특출하니까 그렇지, 저희들은 그렇지 못해요."라고 해요.

나는 기억력이 좋은 게 아니라 문제의식이 있었던 거예요. 강의 들은 것, 책 읽은 것이 다 문제의식이 되어 머리에 남았어요. 그러니 잊을 수 없게 된 겁니다.

미안한 얘기지만 윤동주 시인이 공부를 아주 잘하지는 못했거든요. 그래도 문제의식이 있으니까 자기를 키워갈 수 있었다고 봐요. 그러고 보면 똑똑하다는 것은 문제의식이 있는 것이라고 볼 수 있어요. "왜?"라고 질문을 할 수 있는 사람이 똑똑한 사람이에요. 문제의식이 있으면 중고등학교 때 공부를 못해도 대학에 가고 사회에 나와서 더 성장할 수 있어요.

철학이 왜 필요한가에 대한 답이 여기에 있습니다.

일류 대학을 나와서도 문제의식을 가지지 못한 사람은 평범해져요. 반면 일류 대학 졸업생이 아니더라도 문제의식을 가지고 살면 지도자가 될 수 있어요. 즉 철학적 사유를 가진 사람이 큰사람이 된다는 겁니다.

나는 지금도 10대 청소년이나 20대 청년들을 만나면 "앞으로 내가 50~60세쯤 되었을 때에 어떤 인생을 살게 될까, 그런 자화상을 그려보라."고 얘기해요. 그 문제의식이 자기 발견의 가장 큰길이 아니었나 생각하니까요.

문제의식과 목적을 갖고 출발한 사람과 전혀 그런 문제를 느껴보지 못하고 30여 년을 산 사람의 차이는 현격하게 나는 법이에요. 뚜렷한 문제의식이 있는 사람은 그 목표를 향해서 직진하기 때문에 성공할 가능성이 높으나, 그렇지 못한 사람은 방황하기도 하고 친구들의 뒤를 따라가기도 해요. 성공률도 높지 않으며 따라서 행복한 삶을 누리지 못해요.

　그래서 나는 청소년기에 공부를 열심히 하는 사람보다는 뚜렷한 목적과 문제의식을 갖는 사람이 결국 성공도 빠르고, 행복한 세월을 보내게 된다고 봅니다.

인격의 핵심은 무엇인가요?

교수님의 얘기를 들어보면

재산은 자기 인격의 수준만큼 갖는 게 행복하고

인격이 최고의 행복이라는데.

그럼 그 인격이란 건 대체 뭘까요?

우리가 인격을 기른다고 할 때 그 인격의 핵심은 무엇일까요?

철학자 중에 아리스토텔레스가 윤리학을 처음 쓴 사람인데, 윤리학에서 하는 말이 이거예요.

'행복은 누구나 원한다. 그리고 인격이 최고의 행복이다.'

인격이 최고의 행복이라면, 인격이란 무엇일까요?

흔히 인격이라고 하면, '나의 나됨'이라고 할 수 있을 거예요. 아주 어린애들은 인격이 없거든요. 본능만 있죠. 결국 인격은 인간으로서 공통적으로 가진 바탕 위에 나의 개성, 나만이 가지고 있는 어떤 것을 말한다고 할 수 있어요.

그런데 인격의 주체는 나니까 '나에게 있어 인격은 무엇인가?'라고 묻는다면, 동양 사람이나 서양 사람이나 똑같이 생각하는 게 있어요. 성실이에요.

진실하다, 성실하다, 하는 성실성이야말로 인격의 핵심이라고 봐요. 예를 들어 서양 역사에서 종교가 성했던 중세 시대에도 이런 말이 있었어요.

'성실한 사람은 악마도 유혹하지 못하고, 성실한 사람은 하느님도 버리지 못한다.'

종교 사회에서도 성실이 없으면 종교는 없다고 본 거예요. 성실한 사람이 종교를 갖출 수 있지, 성실하지 못한 사람은 종교를 가질 자격이 없다는 거예요.

나 역시 한 인간이 가장 인간답게 사는 핵심은 나를 중심으로 볼 때는 성실하게 사는 것, 그 이상은 없다고 봐요.

한 인간이 세상에 태어났을 때 주어진 책임은 무엇인가? 자기 자신의 완성이에요. 그 완성은 인격의 완성으로 이어져요. 인격의 완성을 위해서는 더 많은 것을 배워야 하고, 더 많은 일을 해야 해요. 그 주어진 책임은 누구에게나 있어요.

게으르거나 삶의 가치를 모르는 사람들은 그것을 고생이라고 생각해요. 그러나 나의 인간됨을 사랑하고 값있는 인생을 원하는 사람들은 그것을 즐거운 인생의 의무라고 여겨요.

어떤 사람들은 올라가는 노력이 고생이라고 생각해 편하게 내려가는 길을 택해요. 그가 도달하는 곳은 어둡고 컴컴한 계곡이죠. 어떤 사람들은 편안히 즐기기 위해 평탄한 길을 택해요. 땀을 흘리지 않아도 돼요. 그러나 도달하는 곳은 출발한 곳과 변화가 없어요. 그런데 자신의 인생과 인격을 사랑하는 사람은 올라가는 길을 택합니다. 등산을 즐기듯이 노력과 성장을 즐기죠. 그 남모르는 즐거움이 행복인 거예요. 그가 올라서는 곳은 높은 산의 정상일 수도 있어요. 그 정상에서 멀리 세상을 내려다보는 사람의 행복은 희열에 가까운 것이죠.

나는 두 친구와 같이 여행을 하다가 스위스 제네바까지 간 적이 있습니다. 내 주장은 모처럼의 기회니까 알프스까지 올라가자는 것이었는데, 동행했던 안 교수는 피곤하니까 하루는 쉬자는 생각이었어요. 때마침 우리가 묵는 호텔에 들른 스위스 대사관의 공사가 가는 절차까지 가르쳐 주면서 열차와 승강기를 이용하니까 염려 말고 융프라우 산까지 다녀오라고 권하더군요.

산 밑의 시내는 더운 여름이었는데, 한참 올라가니까 가을 풍경으로 바뀌었습니다. 다시 등산 열차로 한두 정거장 올라가니 봄 경치가

펼쳐졌고요. 양들이 풀을 뜯어먹고 있었습니다.

거기서 등산 열차가 끝나고 승강기를 타고 올라가 정상에서 내렸어요. 4200미터의 고지예요. 정상에서 보는 광경은 장엄하더군요. 하늘과 계곡을 메우고 있는 빙하들, 산 밑을 흘러 지나가는 구름떼들. 세상에 태어나서 그런 장관을 처음 봤어요. 넋을 잃고 심취되어 시간을 보냈습니다.

같이 갔던 한 교수가 "이제는 더 늦기 전에 내려가야 할 것 같다."고 했어요. 올라갈 필요가 없을 것 같다고 했던 안 교수는 "이렇게 장엄한 경치를 남겨두고 어디로 가나. 차라리 여기서 죽었으면 좋겠다."고 해요.

산 밑으로 오니 사람들이 등산 열차를 탔느냐고 물어요. 그랬다고 했더니 한 사람이 "그게 무슨 등산이냐?"며 "우리 셋은 걸어서 올라갔다가 내려왔는데, 그 맛은 모를 것"이라고 했어요. 두 발로 걸어서 등산한 사람의 만족과 즐거움은 편히 다녀온 우리와 비교가 안 되었을 겁니다.

성공의 영광과 행복을 누리는 사람은 그런 인생을 선택하는 사람일 거예요. 경험해 보지 못한 사람은 그것을 공연한 고생이라고 생각해요. 하지만 그 과정의 즐거움이 있기 때문에 정상의 기쁨은 더했을 거라고 봅니다.

인격의 수준은 행복의 수준을 결정하기도 합니다. 재산은 얼마큼 가지는 게 좋으냐, 묻는다면 자기 인격의 수준만큼 가지는 게 행복하다고 말하고 싶습니다. 인격이 60인데 어쩌다 재산을 80 갖게 되면 20

만큼 불행해지게 돼요.

같은 여건을 갖고도 적개심을 갖는 사람이 있고, 더 어려운 조건에서도 적개심을 갖지 않는 사람이 있어요. 원수를 맺는다는 것은 양쪽이 다 부족했을 경우의 사태입니다. 높은 인격을 갖춘 사람은 낮은 수준의 인격을 가진 사람을 원수로 보지 않습니다. 내 인격을 그와 같은 위치로 격하시키고 싶지 않아서예요. 어른들이 어린아이에게는 적개심을 갖지 않잖아요. 스스로가 어린 시절을 살아보았기 때문이에요.

그런데 나의 인격이 있는 동시에 상대방의 인격도 있을 텐데, 나와 더불어 사는 사람들의 인격 공동체가 우리 사회 공동체거든요. 그럼 공동체 속에서 이뤄지는 인격의 핵심은 무엇일까? 예를 들어 말하면 인간관계인데, 공자는 인간관계의 핵심을 어진 마음, 즉 인(仁)이라고 봤어요. 어진 관계를 가지고 살자는 거죠. 『논어』를 보면 선하고 아름다운 인간관계에 대해 가르쳐 주고 있습니다.

반면에 석가는 인간관계를 '너-나' 관계로 보지 않고, 우주의 섭리라든지 자연의 정신적인 질서 속에서 찾아가는데, 그 결론이 뭐고 하니 인간관계는 자비심을 가지고 사는 것이라고 봅니다.

그런데 기독교에서는 인간관계의 핵심을 사랑이라고 봐요. 인간다움에 대한 사랑이라고 보는데, 그게 차이점이죠.

그렇게 본다면, 인격을 키울 수 있는 바탕과 인격을 파괴하는 것의 경계선이 하나 생기게 됩니다. 그게 뭐고 하니, 인격이란 개인에게는 성실이고 인간관계에서는 사랑이라고 본다면, 사랑의 반대되는 것은 인간관계를 해치는 거죠. 바로 이기심입니다. 따라서 이기주의자는 인격을 갖출 자격이 없어요. 그러니까 이기심에 빠져서는 안 되겠어요.

결국 인격의 핵심이 뭐냐고 묻는다면, 나에게 있어서는 성실하게 사는 것, 그리고 이웃에 대해선 사랑을 가지는 것이라고 할 수 있습니다. 사람은 동물이 아니기 때문에 이기주의자를 제외하고서는 인간답게 살 수 있는 그 가능성, 희망 그것이 인격이라고 말하고 싶습니다.

인생이라는 게 뭔가
하는 생각을 해보는데,
내가 사과나무면
이제 사과나무 하나를 심어놓고서
그 나무를 키워가는 것이
인생이라고 생각해 볼 수 있을 것 같아요.

Q 8

젊은 시절 큰 영향을 준
'나의 스승'이 있다면?

교수님은 우리 모두의 스승이신데,

교수님의 스승은 어떤 분들일까 궁금해요.

젊은 시절 큰 영향을 받았던 사람들은 누구였나요?

어떤 점 때문에 그분들을 존경하게 됐나요?

교수님의 스승 이야기를 들려주세요.

세계적 윤리학자인 부버가 '만남의 철학'을 얘기했어요. 어떤 사람을 만나느냐에 따라 인생이 달라진다는 거죠. 흔히 하는 말로 '인생은 만남에서 온다.'는 얘기도 있죠.

내가 쭉 살아보니까 직간접으로 누구를 만났기 때문에 오늘의 내가 생겼구나, 하는 걸 많이 느껴요. 그 사람들을 못 만났으면 지금의 내가 아니고 다른 사람이 됐거나, 내가 날 찾지 못했을 수도 있겠다고요.

만남에는 세 가지가 있는 거 같아요. 어떤 스승을 만났는가? 어떤 친구와 같이 살았는가? 어떤 가정, 어떤 배우자를 맞았는가? 그 세 가지가 인생을 구별하는 거 같아요.

내가 아주 강하게 느낀 게 있어요. 예전에 일본에서 한국행 비행기를 갈아타려고 쉬다가 연세대를 졸업한 여자 제자들을 만났어요. 얘기를 해보니까 대학교에서 공부할 때는 다 같았는데, 한 여학생은 사업하는 사람하고 결혼하더니 비즈니스맨이 됐어요. 한 사람은 외교관하고 결혼하니까 외교관처럼 되고요, 또 한 사람은 교수와 결혼하더니 또 그 비슷하게 돼요.

내가 느낀 게 뭐고 하니, 대학 다닐 때는 다 비슷했는데 남편 따라서 다 달라지는구나. 그런데 내 딸들도 가만 보니까 시집갈 때는 다 비슷했는데 남편 따라 다 달라져요. 남편하고 성격이나 가치관이 비슷해져요.

그럼 나의 스승은 누구였나? 생각해 보면, 중학교 때 인도의 간디와 러시아의 톨스토이를 만났어요. 그 두 사람의 영향이 지금까지도 쭉 계속되는 거 같아요.

몇 해 전에 간디 영화가 나왔어요. 4시간 가까이 되는 긴 영화예요. 마지막 장면에 화장한 간디의 재를 인더스강에 뿌리면서 이런 대사가 나와요.

'모든 거짓을 배격하고 진실이 남는 사회, 폭력이 사라지고 사랑이 가득한 사회를 위해 생애를 바친 지도자'

간디가 평생 그런 사회를 추구했어요.

미국 LA 부근에 리버사이드 카운티라고 하는 도시가 있는데, 거기 시청 앞 공원에 동상이 세 개 있어요. 마틴 루서 킹, 도산 안창호, 간디 동상이에요. 거기는 백인들이 주로 사는 동네인데, 동상은 흑인하고 한국 사람하고 인도 사람이에요.

영국 런던 국회의사당 앞에도 간디 동상이 있어요. 영국 지도자들 동상 사이에서 외국 사람은 그 동상 하나예요. 그런데 그중에서 사람들이 제일 존경하는 사람은 간디라고 그래요.

인도 뭄바이에 갔을 때 간디 선생이 18년 동안 살았던 집에 들렀어요. 2층에 올라갔더니 간디 선생이 물레질하던 물레가 있어요. 안내해주던 뭄바이대학교 경제학과 출신에게 물어봤어요. 간디 선생이 직접 물레질을 해서 천을 짠 것은 영국 경제로부터 독립하기 위해서 우리가 생산하는 걸 쓰자는 운동으로 보는데 맞느냐고 하니까 아니라는 거예요. 간디 선생은 기계 문명을 싫어했기 때문에 사람이 직접 짠 천을 입었지 기계로 짠 천은 안 썼다는 거예요.

내 생각에 그거는 그거대로 좋지만. 그런 생각 가지고 살면 인도 경제에는 도움이 안 되거든요. 좀 합리적이지 않거든요.

간디가 그렇게 시대에 뒤떨어진 사람인데도 내가 인도에 갔을 때 곳곳에 간디 사진이 없는 데가 없었어요. 간디는 그가 지닌 높은 정신으로 세계에 큰 영향을 준 거예요. 바로 인간의 존엄성에 대한 믿음이에요.

그런데 원래 간디는 그렇게 훌륭한 사람은 아니었어요. 영국 가서 공부할 때도 의사나 변호사 중 하나를 해야겠는데, 의사가 되면 돈은 벌지만 명예를 얻기 힘든 반면에 변호사가 되면 돈도 벌고 명예도 얻는다고 해서 변호사를 선택한 거거든요. 귀국해서는 사무실에 간판을 붙이는데 '영국서 갓 돌아온 신진 변호사 간디 선생' 이렇게 붙였다고요. 그렇게 약하게 살았던 사람이 아프리카에 가서 인종 차별 현장을 보고서는 인생이 바뀌거든요. 나도 일제 강점기에 살았으니까 그런 영향을 받았을 거예요.

중학교 2학년 때 톨스토이의 『전쟁과 평화』를 읽었는데, 처음엔 그게 소설인 줄도 몰랐어요. 전쟁이 났으니까 전쟁과 평화만큼 중요한 문제가 없다고 생각해서 제목 보고 고른 거예요. 읽다 보니까 소설이에요. 다 읽었어요. 그때 어렴풋이 문학을 통한 예술, 그걸 느꼈어요.

그 두 사람이 내게 영향을 많이 줬어요. 이들로부터 내가 배운 건 '인간은 인간다운 삶을 가져야 하는데 그렇지 못한 사람들을 인간답게 살 수 있도록 돕기 위해 내가 무엇을 할 것인가.'에 대한 고민이었어요.

간디와 톨스토이는 그 고민을 품고 실천하다 일생을 마쳤기 때문에 우리 인생의 짐을 대신 짊어진 사람들이라고 생각해요. 고마운 분들이죠. 그들이 내게 휴머니즘의 씨앗을 뿌려준 것 같아요. 톨스토이와 간디의 생각이 오늘까지도 날 이끌어 주고 있다고 생각해요.

그다음으로 내가 스승으로 받아들인 사람은 도산 안창호 선생이에요. 내가 어떻게 그분 마지막 강연을 들었는지, 참 행운이에요. 그분이 감옥에 있다가 건강이 악화돼 나와서 우리 고향 근처 마을에 머물고 계셨어요. 한번은 우리 마을에 오셨다가 토요일 저녁 우리 삼촌 집에서 주무시면서 동네 사람들을 모아놓고 얘기하시는데, 삼촌이 너도 오라고 해서 들었고, 그 이튿날 주일에 설교를 들었어요.

1시간가량 긴 설교였어요. 도산 선생이 '우리 사랑하자.'고 웅변했어요. 그게 하느님께서 우리에게 주신 교훈이라고 했어요. 우리가 서로 사랑하는 건 하느님께서 우리 민족을 사랑해 주시는 것과 같다고 했어요.

나는 그런 설교를 들어본 적이 없었어요. 목사님들은 주로 교회 이야기를 했으니까요. '저 어른은 애국심이 있어서 기독교를 저렇게 크게 받아들였구나.' 싶었죠. 신앙에도 '그릇의 크기'가 있다는 걸 느꼈어요.

그 설교를 하시고 한 8개월 있다가 도산 선생이 세상을 떠났어요. 그러니까 내가 그분의 마지막 강연을 들은 사람일 거예요. 그분을 통해 애국심을 배웠어요.

도산공원에 가면 도산 동상이 있어요. 도산 선생이 우리 국민들이 다 잘 사는 걸 보고 싶어서 그렇게 안타까워했는데, 그 동상을 보면 꼭 내가 이렇게 말씀드려요.

"선생님, 마음 놓으십시오. 이제 다들 잘 삽니다. 저보다도 잘 삽니다."

인촌 김성수 선생은 내가 중앙중고등학교 교감으로 있을 때 뵈었어요. 그분이 정말 좋은 점이 뭐고 하니, 인간관계예요. 누구도 버리지 않고, 한 번 믿은 사람은 끝까지 도와줘요. 지금까지 만났던 사람들은 낮은 산이었는데 인촌을 만나고 나니까 큰 산 앞에 선 것 같았어요. 인간이 저렇게 높아질 수 있고 훌륭해질 수 있구나 하는 걸 느꼈어요.

고려대학교 교수가 경성방직을 위해서 기계 하나를 들여오는 책임을 갖고 일본에 갔어요. 그런데 일본 가서 옛날 친구를 만났더니 좋은 방법이 있다는 거예요. 그 돈을 주식에 잠깐 투자하면 돈을 더 벌게 되니까 그걸로 사면 된다는 거예요. 그래서 투자를 했다가 돈을 잃었어요. 너무 미안해서 귀국도 못하고 거기서 사표를 냈어요.

그 소식을 인촌 선생이 듣고 그냥 오라고 했어요. 내가 개인 돈으로 준 걸로 하고, 이번에 학교 돈으로 다시 줄 테니까 다시 사오라고요. 그렇게라도 해서 사람을 쓰는 거예요.

김성식 교수가 서양사 전공하는 분인데 고려대학교에 쭉 계셨거든요. 그분이 나보고 뭐라 그러냐면, 인촌이 살아계실 때는 야당이 분열한 일이 없다고요. 인촌이 돌아가고 나니까 야당이 합칠 줄을 모른다고요.

인촌 선생의 장점은 자기보다 유능한 사람을 찾는 거예요. 동아일보 다 준비해 놓고는 송진우 선생보고 맡아달라고 했어요. 고려대학교 다 해놓고서는 현상윤 선생보고 와달라고 했어요. 중앙학교 다 해놓고는 다른 분한테 맡기고, 경성방직도 다 해놓고서 다른 사람에게 맡겼어요. 그 네 가지 다 성공했거든요. 자기가 하나만 하면 하나만 성공했을텐데, 다른 사람에게 맡겨서 네 가지를 다 성공했어요.

송진우 선생이 암살당하고서 얼마 안 됐을 때예요. 학교 복도에서 내가 인촌 선생을 처음 만났는데 같이 있던 선생이 인사말로 "선생님, 요새 이승만 박사가 대통령이 되면 국무총리 되신단 얘기가 많이 들려오던데 이제 되시는 겁니까?" 하니까 가만있더니 "송진우 선생이 살아 계셔야 하는 건데 왜 이렇게 중요한 때 먼저 가셨는지 모르겠다."며 눈물이 글썽글썽해요. 참 그릇이 큰 분이었어요.

내가 철학 공부를 하니까 철학자들도 내게는 큰 스승이에요. 플라톤, 아리스토텔레스, 아우구스티누스에게서 영향을 많이 받았고, 근대 이후에 와서는 칸트에서 헤겔까지 영향을 받았어요.

내 제자들이나 후배들 보면 칸트 공부하다 보면 칸트에 빠져버리고 말아요. 또 헤겔 하는 제자들 보면 헤겔 전체는 모르고 그 일부분만 학위 받고 거기에서 헤어나오질 못해요.

그런데 나는 칸트를 존경하면서도 칸트의 철학이면 다 됐다는 생각은 안 했어요. 그건 그 시대에 그걸로 있고, 시대가 바뀌면서 또 발전해야 한다고 생각했어요.

내가 얻고 싶은 결론은 뭐고 하니, 누구 한 사람을 존경한다고 해서 그 사람의 생각이 전부고 나도 그렇게만 살겠다고 하지는 말라는 거예요. 모든 사람에게는 장점도 있고 단점도 있으니까 내가 저렇게 됐으면 좋겠다는 점을 받아들이고, 다시 그걸 바탕으로 올라갈 수 있었으면 좋겠어요.

예를 들어, 한국의 철학이 있지 않아요? 철이 없을 때는 나 혼자 뿌리도 되고 밑둥도 되고 가지도 되고 열매도 될 줄 알았거든요. 그런데 내가 천재가 아니니까 그건 안 되거든요. 한국 철학계가 자라서 많은 열매를 맺는 데 내가 그 한 부분을 맡아주면 그걸로 족한 거지요.

돌이켜보면, 스승을 가졌기 때문에 내가 스승이 되고, 그분들을 통해서 많이 배웠기 때문에 내가 의미가 있지 않았나 싶어요. 우리 스스로 아무것도 아니라고 하게되면 나도 없어지고 말아요. 우리 스승들에게도 단점은 다 있지만 장점을 받아들이라고 말하고 싶어요.

제일 얘기하고 싶은 건 뭔고 하니, 학자가 누구를 연구했다고 해서 거기에 빠지지는 말라는 거예요. 반드시 그 시대가 넘어가니까 지금 시대와 사회를 위해서 내가 나를 찾고 내 사상을 찾으라고 말하고 싶어요. 그렇게 사는 것이 제자로 출발해서 스승이 되는 길이 되지 않았나 싶어요.

Q 9

사랑이란 무엇인가요?

너도 나도 사랑을 말하는 시대입니다.

남녀의 사랑도 있고, 부모와 자식의 사랑도 있습니다.

그러나 때로는 비뚤어진 사랑 때문에 상처를 주고받기도 합니다.

진정한 사랑이란 무엇일까요?

사랑하기 때문에 서로 괴로운 것이 아니라,

사랑하기 때문에 우리를 자유롭게 하는

큰 의미의 사랑은 어떤 것일까요?

한글학자인 최현배 선생이 쓴 글 가운데 '사람이란 말이 어디서 나왔을까?'에 대한 것이 있어요. 거기에 보면 '사람은 삶이라는 말을 나누어 놓은 것'이라는 주장이 있어요.

요새 와서 드는 생각이 사람이 삶이란 말에서 나왔듯 사랑도 삶에서 나온 것이 아닌가 하는 거예요. 결국 삶과 사랑과 사람은 하나에서 나온 생각일지도 모르겠어요. 사랑이라는 말은 순수한 우리말이지 다른 나라 말에는 없거든요.

우리가 잊어서는 안 되는 게 사람은 공동체에 사는 거지, 나 개인이라는 것은 태어날 때부터 없어요. 부모 밑에서 태어나서 가정과 더불어 살고, 친구를 만나면서 관계를 이루게 돼요. 그래서 공동체의식이 제일 중요한데, 공동체의식은 성실로 이루어지는 게 아니고 사랑으로 이루어지는 거예요. 그러니까 성실 더하기 사랑이 있어서 개인이 완전한 사회로 나아가고, 완전한 사회에서 개인으로 가는 거예요.

그렇다면 사랑이란 무엇일까요? 내가 보기에는 사랑은 두 가지 원칙이 있는 거 같아요.

첫째는 공생의 원리예요. 더불어 사는 원리라고 할 수 있어요.

사랑하는 사람은 함께 있기를 원하며 더불어 살기를 바라요. 사랑하는 사람이 가장 싫어하는 것은 이별이에요. 어린애들도 재밌게 놀다가 저녁에 헤어질 때는 '내일 또 만나자.' 하면서 섭섭해하거든요. 애들에게는 그것이 이별이거든요.

죽음이 가져오는 이별은 사랑의 종말이에요. 이별 후에 어떻게 사랑이 있겠어요? 이별 후에는 싸움도 있을 수 없어요. 싸움은 그저 사랑을 상실했을 때의 부작용이죠.

기독교에서는 '원수도 사랑하라.'고 얘기해요. 진정한 사랑이 있는 사람은 원수와도 함께 살 수 있어요. 우리가 원수를 용서하지 않고 눈은 눈으로 갚고, 이는 이로 갚으면 어떻게 될까요? 죽고 죽이고를 거듭하다가 다 없어지지 않을까요?

그래서 예수님이 뭐라고 했느냐면, 그렇게 해서는 다 무너지니까 다른 사람을 사랑하지는 못하더라도 용서하라고 하셨어요. 그래야 같이 살 수 있으니까요.

사랑하는 사람은 또 상대방을 욕하지 않아요. 사랑은 용서와 공존의 질서예요. 내가 겪어보니까 생각이 있는 사람들은 공통적으로 죽기 전에 후회하는 게 하나 있어요. 살면서 다른 사람과 원수 맺은 거예요. 그 사람 찾아가서 용서받고 싶다고 해요. 연세대학의 영문과 선배 교수가 암으로 세상을 떠나면서 나보고 하는 얘기가 "내가 제일 잘 못 산 건 싫은 사람, 미운 사람을 갖고 있던 거"라며 "다 용서받고 싶다."고 했어요.

사랑은 또 서로 위해주는 거예요. 이기적인 사람은 사랑을 할 수 없어요. 어떤 사람은 연애에 빠지면 독점하려고 하거든요. 살인까지 나오지 않아요? 그건 사랑이 아니고 집착이지요.

사랑이 서로 위해주는 거라고 할 때 서로 위해준다는 것은, 열 사람이면 열 사람이 다 완전한 인간이 되도록 해주는 거예요. 그 사람을 완전한 인간으로 만들어 주자는 게 사랑이에요.

그래서 우리가 자녀들을 진정으로 사랑한다는 것은 자녀들의 인격을 키워주는 거예요. 자녀들 중에서도 건강이 좋지 않거나 지능이 모자란 아이에게 부모의 사랑이 더 많이 가는 건 그 자녀들을 키워줘야 하니까 그런 거예요. 자녀들의 인격의 성장과 완성을 위하는 것이 사랑의 책임이에요. 스승이 제자를 키워주는 것도 사랑이 있기 때문이지요.

그래서 사랑은 역사를 완성시키는 원동력이에요. 성공은 그 뒤를 따르게 되어있고, 더불어 행복도 주어지는 겁니다. 그런 마음들을 받아들이게 된다면 사랑에서 행복을 받아들이지 못하는 책임은 나 자신에게 있어요. 마음의 문을 닫고 살면서 다른 사람이 나를 위해주기를 원한다면, 그것은 사랑을 거부하는 잘못을 저지르는 일이에요. 또 주변에 우리의 동정과 사랑을 기대하는 많은 사람들을 외면하는 것도 행복의 길을 부정하는 잘못이 됩니다.

예수님이 이 땅에 와서 남겨준 교훈이 뭔고 하니, 네 주변의 고통받는 사람, 굶주린 사람, 소외된 사람들을 사랑해라. 이것이 바로 하느님이 예수를 통해 숨겨놓은 교훈이에요.

사랑은 이기심을 버리고, 나보다도 더 많은 사람이 기쁨과 행복을 누릴 수 있도록 돕고 위해주는 거예요. 그것이 곧 사랑이 있는 삶과 인간관계예요.

삶이 얼마 안 남았을 때 깨닫게 되는 것, 그건 바로 사랑의 절대성이에요. 사랑이 있는 사람에게는 희망이 있고, 희망이 곧 행복의 약속이었던 거예요. 사랑이 단절된 곳에는 희망과 행복이 머물 곳이 없어집니다.

자녀 교육은 어떻게 해야 하나요?

다른 건 다 마음대로 돼도 자식 농사만큼은
마음대로 안 된다고 합니다.
자식을 어떻게 키우는 게 좋은지는 모든 부모들의 고민입니다.
여섯 자녀들을 모두 전문직으로 훌륭하게 키워내신
교수님의 비결을 듣고 싶습니다.

대학에 있을 때 장 자크 루소의 교육 사상을 좋아했어요. 루소는 자녀 교육에서 방임은 아니지만 자연스러운 성장을 중요시했어요.

농사를 짓는 사람들은 적당한 양의 비료를 주고 잡초를 제거하고 병충해를 예방하는 일만 하면 돼요. 그 이상의 더 큰 책임은 자연이 감당해 주거든요. 태양이 빛과 온도를 주고 적당한 양의 눈과 비가 내려, 때가 되면 작물이 자라고 열매를 맺어요.

자녀 교육도 마찬가지예요. 어린애를 수재나 영재로 만들려고 간섭하고 고생시키는 것은 볏모를 잡아 빼서 빨리 자라게 하는 것과 같아요. 강아지를 키워도 그래요. 먹을 것을 적당히 주고 함께 있어주면 돼요. 그 이상의 간섭과 강요는 금물이에요. 지금 우리나라의 교육은 어머니들의 욕심과 교육 당국의 간섭 때문에 후퇴하고 있어요.

나는 수많은 어려움을 겪으면서 아들 둘과 딸 넷을 키웠어요. 말 않는 교육 방침이 있었어요.

'평범하게 자라서 주어지는 일에 최선을 다해라. 가능하다면 주어진 분야의 지도자가 되어라.'

그 이상은 원하지도 않았고 강요하지도 않았어요. 무엇보다 아이의 자유를 소중하게 여겼어요.

내가 우리 애들을 키울 때는 수능 시험이 없어 좋았어요. 외국어고, 과학고 등도 없었어요. 말하자면 인문학 중심의 일반적인 고등학교였어요. 지금 다시 내 자녀들을 위한 고등학교를 선택한대도 외국어나 과학 같은 특수 교육은 택하지 않을 거예요. 내 자녀들은 중고등학교 때 성적은 높지 않았으나 대학에 가서는 성적이 좋아지기 시작했어요.

자신들이 원하는 학과목에서 사고력을 키웠기 때문이에요.

부모가 자식을 사랑한다고 할 때, 무엇을 사랑하는 걸까요?

누군가를 사랑한다는 것에는 그 사람의 자유를 소중히 여긴다는 전제 조건이 있어요. 상대방의 자유를 사랑해야 비로소 우리는 누군가를 진정으로 사랑할 수 있는 거거든요.

부모는 아이의 자유를 사랑해야 해요. 공산주의 사회에는 사랑이 없어요. 자유를 구속하기 때문이에요. 상대방의 자유를 구속하면서 어떻게 상대방을 사랑할 수 있겠어요? 부모와 자식의 관계도 그렇습니다.

자유는 곧 선택이에요. "이걸 해, 저걸 해."가 아니라 "이런 게 있고 저런 게 있어. 너는 어떤 걸 할래?" 이렇게 선택의 자유를 줘야 해요. 나도 강연을 많이 하지만 다른 사람의 강연도 많이 들어요. 그런데 어떤 사람은 열심히 설명을 한 뒤에 "이렇게 하라." "저렇게 하라."고 결론까지 다 내줘요. 그건 청중들의 자유를 구속하는 거예요.

나는 강연할 때 "살아보니까 나는 이랬습니다. 여러분은 어떤가요?"라고 물어요. "이런 것도 있고, 저런 것도 있는데 이렇게도 한번 살아보실래요?"라고 권해요. 선택권을 청중에게 줘요. 그렇게 청중들에게 자유를 주는 것이죠. 자녀들을 키울 때도 아이들의 자유를 소중하게 여겨줘야 해요. 그러면 아이에게 삶을 헤쳐나갈 힘이 생겨요. 아이에게 선택의 자유를 주지 않으면 스스로 생각하고 판단하는 힘이 없어져요. 아이의 자아가 없어져요. 자신의 중심이 사라져요.

물론 아이가 어릴 때는 보호해 줘야죠. 조금 더 자라서 유치원에 다닐 때는 부모가 손을 잡고 같이 걸어가야 해요. 사춘기까지는 그래야 합니다. 그다음에는 아이를 앞세우고 부모는 뒤에 가야 해요. 아이가 선택의 자유를 갖게 하는 것이죠. 나는 거기에 사랑이 있다고 생각해요.

어느 기자가 나와 인터뷰를 하다가 '자녀를 사랑한다는 것은 선택의 자유를 주는 것'이라고 한 말이 무척 인상 깊었나 봐요. 그 무렵 고등학생 딸이 아침에 일찍 안 일어나서 깨우느라 고생이 많았나 봅니다. 내 이야기를 듣고는 아침에 아이를 억지로 깨우는 대신 "너 10분만 더 잘래? 아니면 지금 일어나서 밥 먹고 갈래?"라고 하니까 딸이 기분 좋게 일어나더래요. 그 기자가 훗날 나에게 "교수님이 한 가정의 평화를 구하셨습니다."라고 해서 함께 웃었어요.

나는 애들의 결혼도 자유로운 선택에 맡겼어요. 물론 두 가지는 고려했습니다. 재산이 많은 가정과 명문가로 꼽히는 가정은 피하기를 권했어요. 재산의 노예가 되거나 가문적 행세 때문에 평범하고 행복한 가정을 꾸려가기 힘들 것 같았으니까요.

그러다 보니까 넷은 가난한 가정을 택한 셈이고, 둘은 중산층 가정으로 간 셈이에요. 한 딸은 너무 가난한 시집을 갔어요. 내 아내는 아쉬워했으나 나는 평생을 가난하게 살라는 법은 없다면서 모르는 체했어요. 지금은 여섯이 다 비슷하게 살고 있어요.

종교도 그래요. 내 가정은 기독교와 더불어 자랐지만, 나는 애들에게 신앙을 강요하지 않았어요. 다만 스스로의 인생관과 가치관을 설정하는 데 기독교 정신이 얼마나 큰 비중을 차지하는가를 알려주고 싶었어요.

아이들을 언제 독립시키냐도 중요해요. 미국의 경우에는 일찌감치 각방에서 재우고 또 독립시키는데, 우리나라는 너무 늦게까지 끼고 있어 문제예요.

아이젠하워 대통령이 외손녀가 한 명 있었는데, 아무리 예뻐도 두 시간만 데리고 있다가 돌려보냈대요. "저녁때인데 식사라도 함께 하고 보내시죠." 하면, 조부모가 너무 오래 데리고 있으면 유약해져서 안 된다고 그랬대요.

오래전 미국에 머무를 때, 외손자한테 들은 얘기도 있어요. 당시 부통령이었던 록펠러의 손자가 같은 반이었는데, 그 애가 누구보다도 학교에서 제공하는 아르바이트에 열심이어서 그 이유를 물어보았대요. 그 애의 대답은 "내가 아버지에게 받는 용돈과 네가 받는 용돈은 같은 액수인데, 나는 가정의 전통에 따라 십일조로 헌금을 해야 한다. 그래서 그 부족함을 채우기 위해 아르바이트를 한다."는 것이었어요.

집이 아무리 넉넉해도 아이들은 이렇게 키워야 해요. 어려서부터 독립심을 키워줘야 해요. 그런데 자식을 너무 일찍 독립시키면 정이 없고요, 또 너무 오래 데리고 있으면 서로 불편해요. 나는 아들 둘을 결혼 후 2년씩 같이 살다가 내보냈어요. 며느리들이 불편했을 거예요. 그래도 "2년이니까……." 하며 견딜 수 있잖아요.

자녀가 성인이 되면 적당히 거리 두기를 하는 게 좋아요. 너무 간섭하는 것은 옳지 않아요. 나도 자식들이 먼저 묻기 전에는 내 의견을 말하지 않아요, 그런 거리 두기가 부모 자식 관계를 더 아름답게 해요.

한번은 딸이 부부싸움하고 와서 하소연을 하길래 다 듣고는 "그런데 누가 이겼냐?" 하니까 딸도 기가 막힌지 픽 웃더라고요.

인생은 50세가 되기 전에는 평가해서는 안 됩니다. 그래서 자녀들을 키울 때도 이 애들이 50세쯤 되면 어떤 인간으로 사회에 도움을 줄 수 있을까를 생각하는 것이 옳다고 생각해요. 좋은 고등학교 가고, 일류대 가는 것에 너무 집착하지 마세요. 천천히 성장하며 자기만의 길을 개척해 나가는 삶이 행복해요.

내가 아이들 키울 때는 다들 다섯, 여섯씩 낳아서 키웠는데, 내 제자 교수들은 전부 둘씩 낳아서 키워요. 그리고 둘도 키우기 힘든데 어떻게 여섯이나 키웠냐고 신기해해요. 그런데 지나고 보니 여럿이 자라서 더 좋은 점도 있었어요. 나무가 저 혼자 서 있으면 비바람에 쓰러지잖아요. 그런데 숲으로 자라니 서로 조율하고 보듬어 가며 클 수 있었어요.

아내는 욕심이 없었어요. 아이들이 착하고 건강하게 자라는 걸 보고 만족해했어요. 그런 아내 때문에 아이들도 평범하고 행복하게 자랄 수 있었어요.

부부 사이에 좋은 관계를
유지하려면 어떻게 해야 하나요?

부부 사이는 촌수도 없는 0촌이라고 합니다.

부부싸움은 칼로 물 베기라고도 하고요.

하지만 돌아서면 또 남인 관계이기도 해요.

가깝고도 먼 부부 사이가 좋으려면 어떻게 해야 할까요?

서로 어떤 점을 배려하고 조심해야

아름다운 관계를 이어갈 수 있을까요?

"결혼을 하지 마라. 후회할 것이다. 결혼을 해보라. 그래도 후회할 것이다."

셰익스피어가 한 말입니다.

내가 잘 아는 여학생 제자가 있었어요. 교회에서 거행되는 친구의 결혼식에 참석했는데, 진행되는 절차와 선서 내용을 다 듣고 나서는 식장을 나오면서 "나는 무서워서 저런 결혼은 못하겠다."라고 했대요. 지킬 수 없는 맹세를 너무 쉽게 요구하는 것으로 느꼈던 거지요.

결혼을 하고 안 하고는 개인적인 문제예요. 하지만 누가 뭐래도 결혼은 축복이에요. 부부간 사랑을 모르고 한평생을 산다는 건 중요한 무엇인가를 놓치는 셈이죠.

평범하고 화목한 가정에서 자란 사람이 쉽게 결혼하는 것 같아요. 또 이런 사람은 결혼하면 대부분 행복하게 살아요. 내가 아는 여자대학의 교수님 한 분이 입버릇처럼 학생들한테 "남자들은 다 늑대라고 생각하라."고 해요. 자신의 고정 관념을 주입시키는 거지요. 그래서 내가 "나도 늑대처럼 보여요?" 하고 물었어요. 건전한 교제를 통해 여성과 남성은 서로를 알아야 해요.

내 제자 한 명이 결혼한다고 인사를 왔는데 상대가 바뀌었더라고요. 나중에 슬쩍 물으니, 막상 결혼을 하려니 얼굴보다는 성격이나 가치관이 더 중요하다는 생각이 들었다고 해요. 그래서 "아주 잘했다."고 했어요.

그 제자가 "행복한 결혼 생활을 하려면 어떻게 해야 합니까?"라고 물어요. 그래서 "여성의 가장 큰 보물은 아름다운 감정이다. 아내의 아름다운 감정을 키워줘라. 너의 행복만을 위해서 살지 말고, 조각하듯이 사랑하는 사람의 감정을 아름답게 가꿔주라."고 했어요.

결혼을 얘기하려면 먼저 남녀 차이를 서로 알아야 해요. 남자는 어렸을 때부터 힘자랑을 해요. 여자는 철들기 전부터 "나 예뻐?" 하고 묻죠. 칠십 먹은 할머니들도 "지난번에 봤을 때보다 예뻐졌다." 그러면 "진짜?" 하며 활짝 웃어요.

이건 좀 우스운 얘기인데요. 오래전에 교수들끼리 저녁 식사를 마치고는 식사 값을 한 명한테 뒤집어씌우기로 했어요. 상의한 끝에 얼굴에 가장 기름기 도는 사람에게 씌우자는 얘기가 나왔어요. 그런데 어느 교수 얼굴이 유독 빛나더라고요. 그래서 "오늘 식사 값은 당신이 내야겠다."고 했더니 환하게 웃으면서 "내 얼굴이 그렇게 좋아 보여요? 사실은 해외로 국제회의를 다녀오느라 한 달 동안 마누라 잔소리를 안 들었거든요. 그래서 얼굴에 기름기가 도나 보죠?" 하는 거예요.

아내가 나이 들면 잔소리하게 마련이에요. 그런데 바가지도 아름다운 감정을 갖고 긁으면 들을 만해요. 그래서 나는 제자들한테 "부부 싸움을 하더라도 예술적으로 하라."고 해요.

그런데 자녀들이 어릴 때 엄마아빠가 싸우는 걸 보면 충격을 받을 수 있어요. 그러니까 부부싸움은 몰래 해야 돼요. 아이들이 큰 다음에는 예술적인 부부싸움이 어떤 것인가 좀 보여주는 것도 좋아요. "우리 부모님은 평생 싸우는 걸 본 적이 없는데, 나는 왜 신혼에 다툴까? 결혼을 잘못한 게 아닌가?" 하는 실망감을 갖지 않도록 예방 주사를 놓아줄 필요가 있다는 말이에요.

연세대학에 배 교수가 한번은 시골 처가에 갔는데 장모하고 장인이 둘이 사는데 아침부터 저녁까지 싸우더래요. 예를 들어 장인이 밖에 나가면서 "나, 나가" 그러면 장모가 이런대요.

"우산 가지고 나가세요, 비 온다 그랬으니까요."

"비 안 와."

"일기 예보에서 비 온다고 했어요."

"일기 예보가 뭐 맞나? 내가 맞지."

그렇게 사사건건 싸우더래요.

하도 답답해서 배 교수가 "두 분 가운데 한 분은 서울 우리 집으로 갑시다." 했대요. 그랬더니 장인이 "자네가 철학 교수야? 그것도 모르면서 철학을 어떻게 가르쳐? 우리 나이가 되면 싸우는 재미에 사는 거야. 그거 없으면 살 재미가 아무것도 없어." 하더래요. 배 교수가 나보고 하는 얘기가 "늙어서도 싸우는 재미가 괜찮은가 봐." 그래요. 늙으면 그렇게 사랑을 표시하는 거죠.

나는 아내와 일본 유학 시절에 만났어요. 가난한 집에 시집 와서 아내가 고생을 많이 했어요. 40세가 넘어 형편이 좀 나아지자 아내는 "내 덕택으로 이만큼 살게 됐잖아요. 다른 여자와 결혼했으면 당신이 이렇게 행복했겠어요?"라고 은근히 자기 자랑을 했어요. 아내는 음식 솜씨가 없었어요. 그래도 내가 "오늘은 김치찌개가 맛있는데?" 하면 "당신이 지금까지 이렇게 건강하게 일하는 것은 다 내 은혜인 줄 아세요. 다른 여자 만났으면 어쩔 뻔했어요." 하면서 좋아했어요. 나는 속으로 웃으면서도 "그러기에 항상 감사하고 있지 않아요?" 했어요. 그 꾸며

낸 말이 아내를 행복하게 했으니까요.

사랑의 나무는 조심스럽게 키워가는 거예요. 사랑은 결혼으로 완성되는 것이 아닙니다. 결혼은 사랑의 출발에 불과하거든요.

사랑의 나무가 자라는 데는 세 가지쯤의 과정이 있을 것 같아요. 그 첫째 과정은 애욕의 과정입니다. 대체로 보면 젊었을 때는 애욕을 사랑의 본령으로 착각해요. 물론 애욕은 소중한 본능입니다. 그러나 남녀 간의 사랑의 전부도 아니며 목적도 아닙니다.

애욕은 사랑의 나무가 자라면서 애정으로 승화됩니다. 결혼 생활을 쌓아가다 보면 사랑의 정이 얼마나 강한지를 깨닫게 돼요. 애정이 애욕을 포용해서 더 넓고 높은 사랑으로 이끌어갑니다. 그러다 나중에는 인간애의 경지에까지 이르게 돼요.

내 아내는 20여 년을 병중에 있었습니다. 긴 투병과 간병 끝에 세상을 떠났어요. 사람들은 내가 큰 고생을 했겠다고 말해요. 내 아내의 친구들은 남편에게 "당신도 내가 20년 동안 환자로 지내면 김 교수님 같이 돌봐줄 수 있겠어?"라고 농담 삼아 묻곤 했어요. 그러면 남편들은 "노력은 하겠지만 자신은 없어……"라고 대답해서 야단을 맞았다고 해요.

그러나 막상 그런 상황에 부닥치면 20년이 언제 어떻게 지나갔는지 모르게 돼요. 나도 23년이 4, 5년같이 짧게 느껴지곤 해요. 결혼 초 같으면 힘들었을지 모릅니다. 그러나 힘들지 않게 그 무거운 짐을 질 수 있었던 것은 수십 년의 애정과 가정의 사랑이 인간애로까지 승화되었기 때문일 거예요.

90세가 넘을 때까지 부부가 건강하게 해로하는 것을 보면 축하해 주고 싶은 마음이에요. 나는 그런 복은 갖지 못했어요. 그렇다고 해서 그분들이 긴 세월 동안에 다정하게만 지낸 것은 아닐 거예요. 힘든 일도 겪었고 때로는 부부싸움도 하면서 살았을 거예요.

부부싸움도 사랑하기에 갖는 한 과정일지 몰라요. 신부님이나 스님은 부부싸움은 못했을 거예요. 그러나 목사들도 크고 작은 부부싸움은 다 하면서 살았을 거예요.

영락교회의 한경직 목사는 부부싸움을 하지 않는 것으로 유명했어요. 젊었을 때는 모르겠으나 60세가 넘어서는 안 한 것으로 알려져 있어요. 비결은 간단했어요. 밖에 나갔다가 집에 들어서면서 목사님은 항상 사모님의 눈치와 안색을 먼저 살펴본대요. 좀 이상하다 싶으면 "그저 내래 잘못했지요……."라면서 인사를 대신하고요. 사모님이 "내가 뭐라고 했소?"라고 말하면 "그러니까 내래 잘못했다는 거지요……." 라면서 또 사과한대요. 그러면 사모님은 말없이 지나간다는 얘기예요.

그런데 생각해 보면, 싸울 수 있는 것도 부부가 함께 있으니까 가능한 일이에요. 한 명이 가고 나면 싸우고 싶어도 싸우지 못하죠. 그러니 같이 사는 동안 열심히 싸우고 열심히 화해하세요. 잘 싸우는 부부는 절대 이혼하지 않아요.

내가 쭉 살아보니까
직간접으로 누구를 만났기 때문에
오늘의 내가 생겼다는 걸 느껴요.
그 사람들을 못 만났으면
지금의 내가 아니었을 거예요.
만남에는 세 가지가 있는 거 같아요.
어떤 스승을 만났는가?
어떤 친구와 같이 살았는가?
어떤 배우자를 맞았는가?
그 세 가지가 인생을 구별하는 거 같아요.

부모보다 자식을 더 위하는
세태에 대해 어떻게 생각하세요?

예로부터 우리는 효를 아름다운 전통 사상으로 여겼습니다.

그런데 요즘은 웃어른에 대한 공경을

낡은 생각으로 치부하기도 해요.

부모보다 자식을 더 위하는 세태이기도 하고요.

이렇게 바뀐 세상에 대해 어떻게 생각하세요?

우리 어머니는 학교 교육은 전혀 받지 못하신 분이지만 지금도 내가 어머니에게 감사히 생각하는 일이 있어요. 나는 가난한 가정의 맏아들로 태어나 시골 마을에서 중학교까지 졸업 후 상급 학교에 진학하지 못하고 1년간 초등학교에서 교편을 잡고 있었어요.

한번은 모친께서 "네 마음은 고맙게 생각하는데, 동생들 걱정은 말고 너도 대학에 가고 싶으면 집을 떠나보아라. 네 친구들은 다 고학을 하면서 대학에 가는 것 같은데, 학비는 도와주지 못하겠지만 집 걱정은 안 해도 된다."고 말씀해 주었어요. 그 고마운 마음의 뒷받침이 없었다면 지금의 내가 어떻게 되었을지 몰라요.

그렇게 해서 내가 20년 동안 살아온 고향 송산리를 떠나 일본으로 유학을 갔을 때예요. 처음 고향을 떠났기 때문에 어머니 생각이 간절했어요.

그날 밤 꿈이었어요.

내가 드넓은 들판 한가운데 서 있었어요. 내 앞에는 오래된 철로가 있는데, 동쪽과 서쪽으로 한없이 이어져 있었어요.

서쪽을 봤더니 한 여인이 커다란 짐을 머리에 이고 두 손에도 무거워 보이는 짐을 든 채로 내 쪽으로 걸어오고 있었어요. 속으로 '기차도 안 다니는 이 먼 길을 어쩌자고 떠났을까.'라고 중얼거리는데, 그 여인이 어느 사이엔가 점점 더 가까워졌어요. 너무 힘들어서 쓰러질 것 같기도 했어요. 도와주기 위해 다가갔더니, 내 어머니였어요.

나는 울음을 터뜨렸어요. "어머니, 이 먼 길을? 또 이렇게 무거운 짐을? 그 짐 하나는 제가 들어드릴게요!"라고 했어요.

어머니는 정말 힘들다는 듯이 겨우 눈빛을 내게로 돌리면서 "이것들은 내가 갖고 가야 할 내 인생의 짐이고, 너에게는 또 네가 져야 할 인생의 짐이 있다. 나는 힘들어도 그대로 가야겠다."면서 내 앞을 지나려고 했어요.

나는 나도 모르게 소리 내어 울었어요. 내 울음소리에 깨어났어요. 꿈이었으나 한참을 가슴속으로 울었지요.

생각해 보면 각자 무거운 짐을 지고 허락된 시간을 걷는 것이 인생일지도 모르겠어요.

나는 철들면서는 아버지를 모시지 못했어요. 38선 때문이지요.

해방 2년 뒤 나는 아직 돌도 안 된 아들을 업고 아내와 같이 38선을 넘어야 했어요. 아들과 손자를 사선을 넘어 보내는 부모님은 시종 말이 없었어요. 소나무 아래 좁은 오솔길을 걸어나오는데, 두 분은 서서 눈물을 흘리고 있었어요. 지금도 그때 일을 생각하면 가슴이 무거워져요. 결국 부친에게 효를 행할 기회조차 없어지고 말았습니다.

어렸을 때 부지런한 어머니가 밭으로 일을 나가면, 집에는 나와 부친만이 남았어요. 부친은 나를 혼자 버려둘 수 없기 때문에 같이 산으로 나무를 하러 가자고 해요. 산에서 혼자 쓸쓸한 시간을 보내는 것을 싫어했던 나는 싫다고 하죠. 그러면 부친은 으레 두 가지 조건을 제시했어요. 산에까지 지게를 태워준다는 것과 옛이야기를 들려준다는 약속이었습니다.

흔들거리는 지게를 타고 산에 올라가는 재미도 좋았지만, 쉬는 틈을 타서 아버지가 들려주는 옛이야기는 더욱 즐거웠습니다. 석가님, 공자님, 예수님 이야기들이었죠. 다시 아버지의 지게를 타고 산으로 올라가 값진 이야기를 한 번만 더 들을 수 있다면…….

나중에 어머니가 남으로 내려와 어머니는 오래 함께 모시고 지냈어요.

그런데 남다른 고생을 하면서도 모친과 함께 있을 때는 한 번도 불행하다는 생각을 하지 않았어요. 사랑의 짐을 지고 살았기 때문에 우리는 행복했지요.

어머니는 70세를 넘긴 나에게 유언을 했어요. "힘든 일도 있었지만 너와 온 가족이 함께 있어서 행복했다."가 마지막 말씀이었어요.

눈을 감을 때까지 아들을 사랑했기 때문에 어머니는 행복했고, 장성한 나이가 되어서도 어머니를 사랑할 수 있었기에 나도 행복했어요. 모친과 나는 70년 넘게 사랑 속에 살았기 때문에 어느 모자 관계보다도 감사했어요.

내 친구가 정부에서 차관까지 했으니까 아는 사람은 다 아는 친구예요. 이 친구가 우리끼리 있을 때 한 말이 뭔고 하니 "난 세상 살아봐도 무서운 거 아무것도 없다. 그런데 우리 어머니만은 무섭다."고 해요. "어머니가 뭐가 그렇게 무섭냐?"고 했더니, 자기를 혼낼 때는 "이 자식아 내가 너를 낳았다. 오늘까지 키워줬다. 할 말이 뭐냐?"라고 하면 할 말이 없다고 그래요. 그래서 내가 웃으면서 말했어요. "그게 어머니의 사랑의 권위다."

권위라는 말을 많이 쓰는데요, 권위라는 게 뭐냐? 우리를 사랑해준 사람이 우리에게 받을 수 있는 마음의 대가가 바로 권위예요.

동양에서는 예부터 부모에 대한 효(孝)의 정신이 강했어요. 그 전통적인 가치관의 영향으로 자녀는 부모를 섬기며 모범적인 본분을 다해야 했죠. 어릴 때는 부모의 사랑으로 자랐으니까 성인이 된 후에는 부모에게 보답하는 것이 당연할 거예요.

그런데 요즘은 부모보다 자식을 더 위하는 시절이 된 것 같아요. 예전에 내가 우스운 이야기를 하나 들었습니다.

한국의 늙은 아버지가 미국에 사는 아들 집에 가 머물고 있었어요. 어느 날 시장기가 느껴져 냉장고 문을 열었더니 며느리가 냉장고 문 안에 가족 서열을 붙여놓았더래요.

"1번 나, 2번 딸, 3번 남편, 4번 강아지, 5번 시아버지"

그걸 보고 하도 기가 막혀 책상 위에 이렇게 쪽지를 써놓고 집을 나왔다는 얘기였습니다.

"3번아! 잘 있어라. 5번은 한국으로 돌아간다."

그런데 이 이야기를 요즘 하면 여성들이 반론을 제기해요. 3번과 4번이 바뀌었다고요. 나도 곰돌이, 또순이, 보미 등 개를 여러 마리 키워봐서 그 마음을 충분히 공감합니다.

그런데 기독교 전통을 이어받은 서구 사회에서는 부모가 자녀에 대해 의무와 책임을 갖는 것을 더 강조해요. 구약에는 부모를 공경하라고 되어있으나 신약에 와서는 자녀들에 대한 책임을 더 강조해요.

사실 동양의 전통도 효보다는 친(親) 정신이 먼저였어요. 오륜(伍倫)의 기본은 부자유효(父子有孝)가 아니라 부자유친(父子有親)이에요. '친'이 후에 '효'로 변하면서 '부모를 위한 자녀'라는 생각이 굳어지고,

'자녀를 위한 부모'라는 의미가 약화되었던 셈이에요.

그런데 직접 가정을 이끌어 보면 자녀에 대한 부모의 사랑과 책임이 더 중하고 정상적인 것 같아요. 나도 때때로 아들딸들에게 나보다는 너희들의 아들딸을 더 위해주라고 말해요. 늙은 부모로부터 받은 사랑을 부모에게 보답하는 것이 아니라 자녀들에게 베풀면서 가정이 빛나고 가문의 영광이 생기는 거예요.

그래서 부모와 자녀 간에는 대화와 이해가 있고 서로 위해주는 친의 질서가 더 중요하다고 생각해요. 효는 전통적인 과거 중심의 가치관이에요. 지금은 친의 가치가 있어야 하고, 미래지향적인 가정에는 서로의 장래를 위하는 사랑의 가치관이 필요하다고 말하고 싶어요.

노년의 고독은 피할 수 없는 건가요?

나이가 들면 제일 힘든 게 외로움이라고 해요.
사랑하는 사람도 곁에서 하나둘씩 떠나고 세상과도 멀어지게 되고요.
노년의 고독은 젊을 때 느끼는 고독과는 차원이 다르겠죠?
그 고독의 깊이는 얼마큼일까요?
노년의 고독은 피할 수 없는 걸까요?

나는 예전에 『고독이라는 병』이라는 책을 쓴 적이 있어요. 젊었을 때 이야기죠. 그때는 고독을 찬양하는 편이었지요. 고독은 창조의 원천이기도 하니까요.

인간은 정신적 존재입니다. 정신적 존재의 특징은 사귐이 있다는 거예요. 가족, 이웃, 친구들이 사귐의 대상이지요.

그러나 주변에 아무도 없을 때 나는 나와 더불어 대화를 나눠요. 내가 나에게 묻고 내가 나에게 대답하는 것이죠. 그것은 마치 어린애들이 소꿉장난하는 것 같은 일이지만, 위대한 철학자들도 그와 같은 자신과의 대화를 해왔어요.

이러한 사귐과 대화가 끊어졌을 때 느끼는 마음의 상태를 우리는 고독이라고 불러요. 육체가 혼자 있다고 해서 그대로 고독인 것은 아니에요. 자신과 대화가 가능한 때는 고독을 느끼지 않아요. 사색을 한다든가, 음악을 듣는다든가, 그림을 볼 때는 내가 혼자 있는 것 같아도 어떤 사상, 예술과 더불어 대화를 나누는 때이므로 고독을 느끼지 않아요.

정신생활이 빈약한 사람은 혼자 있으면 곧 고독을 느껴요. 자기 자신과 대화가 없기 때문이에요. 그래서 또 하나의 육체를 가진 타자를 찾아 스스로의 고독을 메우려 하죠. 사람이 많은 거리로 나가든가 친구들과 모여 앉아 공연히 떠들기도 합니다.

그런데 정신력이 강한 사람이 느끼는 고독은 자기 성장이나 자기 유지에서 오는 고독인데, 이게 참 힘들어요. 특히 나이가 들면서 찾아오는 고독은 더욱 그렇지요.

내가 60대일 때 아내의 병 치료를 위해 여름 방학 동안 미국 남부에서 보낸 적이 있습니다. 그곳 요양 병원은 어떤지 궁금해서 방문을 했어요.

50~60명 되는 노인 환자들이 입원해 있는데, 시설이나 의료 혜택은 잘 갖춰져 있었어요. 시간표에 따라 여러 가지 행사가 준비되어 원하기만 하면 지루한 시간은 없을 것 같았어요. 걸어다니는 사람들은 지팡이를 짚은 이가 많았고, 휠체어에 의탁하고 있는 할머니들도 있었어요. 가족들이 찾아와 함께 시간도 보내고 있었는데, 물어보았더니 7:3 정도로 할머니들이 대부분이었어요.

그때만 해도 자주 보던 광경이 아니었기 때문에 저렇게 모든 시설을 갖추고 있어도 행복한 것은 아니라는 생각이 들었어요. 누구도 부정할 수 없는 불행은 소외감과 고독이었습니다.

사회에서 밀리고 밀려 이곳까지 왔다는 생각이 들었고 모두가 외로워하고 있다는 사실은 숨길 수 없었어요. 소외와 고독에서 벗어나야겠다는 생각이 절박한 것 같았어요.

요즘은 우리 주변에서도 비슷한 현상이 나타나는 것 같습니다.

내 친구가 정년퇴직을 하면서 수원 부근에 있는 양로 시설로 갔어요. 두 내외가 조용한 여생을 보내고 싶어서였어요. 처음에는 편한 것 같다고 해요. 의료 시설이 갖추어져 있고 산책과 건강을 위한 시설도 충분했으니까요.

그런데 친구 내외는 2, 3년 후에 그곳을 나왔어요. 그 조용하고 하는 일이 없는 분위기가 더 빨리 늙음을 재촉하는 것 같았다고 해요. 그러면서 하는 말이 "갈 곳이 못 된다."는 얘기였습니다.

우리 어머니가 100세에 돌아가셨어요. 죽음을 담담히 운명으로 받아들이셨죠. 그분은 더 오래 사는 게 걱정이라고 말씀하셨어요. 직계 중에 먼저 돌아간 사람이 없는데 자신이 그보다 늦게 갈까 봐 그랬던 거예요.

어머니께서 돌아가시기 한 달쯤 전에 아마 마지막 말씀을 남기시려고 그랬던 것 같아요. 저를 불러서 이런저런 얘기를 하면서 "내가 먼저 갈 것 같아서 다행이다. 그런데 나는 가면 되고, 네 처가 가게 되면 집이 빌 텐데 그러면 어떡하지……?"라고 말씀을 흐리셨어요.

어머니가 가시고 7년 뒤 병중에 있던 아내도 가게 됐어요. 그러니 정말 집이 빈 거예요. 외국 여행하고 공항에 내렸는데, 갈 곳이 없다는 생각이 들었어요. 공연히 다른 데 들렀다가 집에 늦게 들어갔어요. 아침에 잠에서 깨면 아무도 없다는 걸 알게 돼요. 어머니와 아내가 내게는 집이었으니까요.

한번은 안병욱 선생이 나한테 전화를 했어요. 우리 셋이서 50년 동안 따뜻한 우정을 나눴는데, 더 늙기 전에 1년에 두세 차례라도 만나서 차도 마시고 얘기도 나누며 우정을 되살리면 어떨까 하는 얘기예요. 좋은 생각인 거 같아 김태길 선생에게 전화를 걸었어요. 그러자고 할 줄 알았는데, 거절을 해요.

"그런 얘길 하려면 한 10년 전에 했어야죠. 이제 우리 다 나이 들지 않았어요? 우리 셋 다 80대 중반인데, 이대로 열심히 일하다가 때가 오고 순서가 되면 하나씩 가는 게 좋을 것 같아요. 같이 만나면 즐거울 것 같죠? 그게 안 그래요."

"무슨 얘기세요?"

"내가 지금까지 쭉 살아오는 동안에 얻은 경험이 있어요. 인생을 살아가는 동안에 제일 힘든 때는 사랑하는 사람을 먼저 보내는 거더라고요. 남는 사람이 힘들어요. 우리 셋 가운데 누가 남을까요? 마지막 남을 친구 생각도 해봤어요?"

그 얘길 듣고 생각해 보니까 그 생각이 옳은 것 같아요. 그래서 만나지 않고 끝났어요.

그런데 아마 김태길 선생이 먼저 가시려고 그랬던가 봐요. 그분이 90세를 맞이하면서 먼저 가셨어요. 그리고 얼마 있다 안 교수도 갔어요. 어머니와 아내가 떠나니까 집이 텅 빈 거 같았는데 친구가 떠나니 세상이 텅 빈 것 같았어요.

남들은 잘 몰라요. 내가 그걸 왜 느끼냐면 친구다운 친구를 가졌기 때문이에요. 독일의 괴테가 임종할 때 의식이 흐려져서 환상 비슷한 걸 보게 되는데 바람에 종이가 날아가는 걸 보더니 "저거 쉴러의 편지인데 날아가는 거 아니냐."며 걱정했다고 해요. 카를 야스퍼스는 막스 베버가 세상을 떠나자 한 1년 동안 아무것도 못했다고 하고요.

내가 살아보니 90세를 넘기면서 가장 힘든 것은 늙는다는 생각이 아니었어요. '나 혼자 남겨두고 다 떠나가는구나.' 하는 공허감이에요. 친구들도 대부분 가고 가족들도 곁에서 멀어져요. 피할 수가 없어요. 그때 찾아드는 어려움은 고독감이지요.

젊었을 때 생각한 고독은 차라리 감미로웠다고 할까요. 노년의 고독은 뼈아프게 다가와요. 피할 수는 없지만, 그래도 가족과 이웃과 주변 사람들과 사랑이 있는 인간관계를 회복하려고 노력해야 해요. 그럴 수밖에 없어요.

고독하고 외로울수록 친구를 만나 우정을 살려야 해요. 나를 행복하게 만드는 사람 말고 내가 행복하게 해줄 수 있는 사람과 우정을 나눠야 해요. 함께 일할 수 있는 친구를 만나면 더 좋고요.

Q 14

나이 들수록 경계해야
할 것은 무엇인가요?

젊을 때는 사려 깊던 사람이 나이가 들면서

예의와 염치를 모르는 사람으로 변하는 것을 종종 봅니다.

반면에 지혜로운 어른을 보면

존경의 마음이 절로 들어요.

나이 들어서도 주변의 존경과 사랑을 받으려면

어떤 점을 조심해야 할까요?

늙는 것은 내 잘못이 아닙니다. 가만히 있어도 세월은 흐르게 되어있어요. 그런데 사회는 그 늙음을 바라지 않죠.

나이 들면 젊은 후배들이 멀리 하려는 사람이 있고, 여전히 계속 가까이 오고 싶어 하는 사람이 있어요.

선배 교수 한 사람이 있었어요. 정년퇴직하고 나니 심심하고 혼자 있기 싫으니까 종로 어느 다방에 가서 후배 교수들한테 연락을 하는 거예요. "쓸쓸하게 혼자 있으니 좀 놀러 오라."고요. 처음엔 후배 교수들이 나갔죠. 그러다 얼마 지나니 자기들끼리 떠밀어요. "이번엔 네가 가고, 다음은 네가 가라." 그렇게 되지 말고 같이 얘기하러 나오고 싶은 그런 선배가 되어야 해요.

대학에 있을 때예요. 교수 회의를 진행하다 보면 원로 교수로 자처하는 늙은이들 몇이서 회의 시간을 다 차지해요. 후배 교수들이 좀 새로운 발언을 하면 못마땅한 표정으로 외면해요.

내가 아는 분은 장관까지 지낸 유명한 분인데, 지금은 80대 전후일 거예요. 그 교수는 회의에 나가면 혼자 처음부터 끝까지 발언해요. 동석했던 사람이 미리 빠져나가기도 했어요. 늙기 전에는 그렇지 않았는데 말이죠.

늙으면 필요 없는 자랑도 하길 좋아해요. 후배들이 있는 곳에 가면 은근히 나이 자랑을 해요. 대접을 받고 싶기도 하고 상좌로 안내받기를 원해요.

기회만 있으면 건강 자랑을 하기도 하죠. 날로 쇠약해지는 건강을 과시함으로써 아직 건재하다는 것을 보여주고 싶어 하는 거죠. 나도 겉으로는 아닌 듯하면서도 '나는 아직 지팡이를 짚고 다니지 않지.' 라는 위안을 받아요.

전에는 그렇지 않던 사람이 늙으면 집안 자랑도 심해져요. 남자들은 아들 자랑보다는 딸이나 손주 자랑을 많이 해요. 자기 자랑은 할 것이 없으니까 그런지도 모르겠어요.

얼마 전에 한 모임에 나갔는데, 90세가 다 된 저명인사가, 국회의장도 지낸 것으로 기억하는데 "집안 자랑을 하는 것은 철없는 짓이라고 하지만, 나는 집안 자랑을 하나 할 일이 생겼어. 내 손자가 미국에서 ○○○대학의 교수가 되었다니까." 하는 거예요. 초일류 대학의 교수가 된 거예요.

내가 옆에 있다가 "그런 자랑은 해도 괜찮아. 누가 듣든지 그 교수가 아버지를 닮았다고 하지, 할아버지 닮았다고는 생각지 않을 테니까."라고 농을 했어요. 그 친구도 이전에는 누가 손주 자랑을 하면 "찾아보면 그런 가정이야 얼마든지 있지."라면서 침묵을 지켰을 정도로 점잖은 편이었어요.

청년기에는 용기가, 장년기에는 신념이 요청된다면, 노년기에는 삶의 지혜가 필요합니다. 그것을 갖추지 못한 늙은이들은 사회로부터 버림을 받아요. 녹슨 기계가 버림받듯, 후배들에게 도움이 되지 못하거나 패악을 끼치는 늙은이들이 뒷전으로 밀려나게 되는 것은 어쩔 수 없는 일인 것 같습니다.

늙는다는 것은 성숙되어간다는 뜻이에요. 꽃은 피었다가 열매가 돼요. 열매는 익어서 버림을 받지 않습니다. 더 소중한 삶의 열매로 남아요. 긴 세월에 걸쳐 많은 경험을 쌓아왔기 때문에 지혜는 나이와 더불어 익어가기 마련입니다.

지혜가 없는 노인은 자칫하면 노욕(老慾)에 빠져요. "백발이 영광"이라는 말이 있습니다. 백발이 되어서야 누릴 수 있는 영광과 행복이 있는데, 지혜가 없다면 그런 영광도 없을 겁니다.

주변에서 일과 명예의 욕심 때문에 더 유능하게 일할 수 있는 후배들의 시간과 가능성을 빼앗는 경우를 자주 봅니다. 심지어는 그 욕심과 무리한 의욕 때문에 스스로의 건강을 해치기도 하죠.

그런 경우는 선한 의욕이라고 해도 노년기를 맞는 지혜의 부족이라고 할 수 있습니다. 오래전에 이화여자대학에 근무하는 친구 교수로부터 들었던 이야기가 생각나네요. 김활란 총장이 비교적 건강히 일해온 분인데, 어째서 이번에 미국에서 돌아오면서 입원을 했고 너무 갑자기 세상을 떠났는지 모르겠다고 물었는데, 친구의 대답이 약간 의외였습니다.

김 총장이 이화대학의 100주년 행사를 앞두고 재정적 확보를 위해 미국으로 떠났는데, 그 성과가 여의치 못했나 봐요. 환경도 많이 바뀌고 옛날에 비해 졸업생들의 호응도 좋지 못했던 거죠. 노쇠한 몸을 이끌고 애태우다가 좌절감에 빠졌는데, 그 정도가 너무 심했어요. 대학에 대한 애정이 컸기 때문에 실망과 좌절감도 증폭되었던 거죠. 그것이 신병으로까지 번지면서 더 머물 수도 없고 돌아올 용기도 잃었던 모양이에요. 그 사실을 알게 된 대학 측에서 거의 강요하다시피 해 모셔왔다는 얘기였습니다.

내가 일하던 연세대학교에서도 비슷한 사례가 있었습니다. 최현배 선생의 한글 사랑은 각별한 것이었어요. 그래서 정년으로 대학을 떠난 뒤에도 한글학회 일을 몸소 맡아 고생했어요. 당신의 기대와 희망이 너무 컸던 셈이죠. 그 일을 감당하기에는 지나치게 높은 연세이기도 했는데, 좀 더 일할 수 있는 나이에 세상을 떠나고 말았습니다.

최 선생을 가까이서 모시던 한 후배 교수가 후회스러운 회고를 한 일이 있었어요. 일선에서는 물러나게 하고 자기들이 지시를 받아 일했으면 좋았을 뻔했다는 후회였습니다.

노년에 갖춰야 할 지혜의 한 가지는, 힘들여서 해야 할 일은 후배에게 물려주고 우리는 그 뒤에서 선배다운 지혜를 갖고 도와주자는 거예요.

성숙된 사회에 가면 원로라는 말을 자주 듣게 돼요. 원로가 있는 사회와 없는 사회는 다릅니다. 지혜로운 조부모나 부모가 있는 가정과 없는 가정이 다른 것과 비슷해요.

지혜로운 노년기의 부모는 자신이 하던 일을 서서히 아들딸들에게 물려주고 배후에서 질문도 받고 도움을 줘요. 사회 일도 그렇게 되어야 해요. 그럴 때 노년기의 어른들이 갖추어야 할 정신적 자산이 넓은 의미의 지혜인 겁니다. 지혜로운 사람은 죽을 때까지 그 직책이나 지위를 가지려 하지 않아요.

로마의 교황은 옛날부터 종신직이었던 것 같아요. 그러나 교회를 사랑하는 교황은 건강의 한계를 느끼면 생전에 그 자리를 내놓는 절차를 택했어요. 그것이 사회를 위한 책임자의 지혜인 거예요.

나이 들었다는 것은 손아래 사람들을 위해주라는 뜻이에요. 사랑하고 위해주는 마음이 있으면 실수와 부족한 점이 있더라도 존경과 감사의 대상이 되는 것입니다.

노년에 재혼하는 게 맞을까요?

부부가 백년해로하는 것만큼 큰 복이 있을까 싶어요.

이런저런 이유로 끝까지 함께 못하는 일이 생기기도 하니까요.

예전엔 나이 들어 팔자 고치는 것을 남부끄럽게 여기기도 했어요.

하지만 100세 시대잖아요.

노년에 혼자되면 재혼하는 게 맞을까요?

내 아내는 23년간 병중에 있었어요. 60대 중반에 뇌출혈로 쓰러져 말도 못하고 누워지내야 했으니 얼마나 고생스러웠겠어요. 그런데 우리 어머니는 또 100살까지 사셨거든요. 그러니까 내가 지금 살고 있는 집의 이쪽 방엔 아내가 병중에 있고, 저쪽 방엔 어머님이 계시고, 나는 2층에 있었어요.

우리 어머님이 옛날 분이지만 지혜로우셔서 아들인 나한테도 이따금 생각해야 할 만한 말씀도 하셨거든요. 한번은 나보고 얘기 좀 나눠보자고 하시는데, 당신 생각이 또렷하고 올바를 때 유언하고 싶은 게 있어서 그러신다는 생각이 들었어요.

어머니 하시는 말씀이 "내가 먼저 가고 네 처까지 가게 되면 너 혼자 남을 텐데, 집이 빌 텐데, 그렇게 되면 어떡하지?"예요. 유언이에요. 그런데 그때는 내가 그 뜻을 깨닫지 못했거든요. 그래서 "제가 알아서 할게요. 너무 걱정하지 마셔요."라고 말씀드렸어요. 그랬더니 "물론 네가 알아서 할 텐데 이렇게 혼자 두고 가는 것 같아서 마음이 무겁다."고 하셨어요.

그때 내가 70대 후반이었는데, 나는 오래 살아야 90까지 살 텐데 여자친구가 생기고 결혼하고 그럴 수는 없다고 생각했어요. 우리 어머니는 마음이 아쉬웠던 것 같아요.

그런데 내가 97세쯤 돼서 일을 많이 하니까 방송국 같은 데 가면 사람들이 농하느라고 "왜 혼자 계시냐, 여자친구도 있고 그러면 좋지 않냐."고 해요. 그래서 한번은 어느 방송에서 농담 삼아서 "지금은 바쁘니까 2년은 열심히 일하고 99세가 되면 신문에 광고를 내겠다. '99

세 노신사가 여자친구 기다리고 있는데, 뜻이 있는 사람은 응모하라'고 광고할 테니 그때까지 참아달라."고 했어요.

그러다 보니 어느덧 100세를 넘겼어요. 나는 내 제자나 다른 사람이 나와 같은 위치에 있다고 생각할 때는 평균 수명도 길어졌으니까 될 수 있으면 서로 위로하고 도움을 줄 수 있는 이성 친구가 있는 거, 그걸 권해요. 나는 괜찮고요.

그런데 사람은 행복하게 살 권리도 있지만 또 의무도 있는 것 같아요. 의무가 있다고 하면 이상하지만, 우리 어머니 뜻에 보답하지 못한 것 같다는 생각이 있어요. 아들 혼자 남으면 어떡하지, 하는 것은 손주가 있어도 어머니의 사랑이거든요.

그런데 이다음에 나이 들어보면 알겠지만 80대까지는 남자라는 생각이 있어요. 그러나 90세가 넘으면 인간애로 변해요. 부부도 처음에는 연정으로 살지만, 애들 키우면서는 애정으로 살고, 늙은 다음엔 인간애로 살거든요.

50대 후반의 부인들과 얘기를 하다가 어색한 질문을 받은 적이 있어요. 어떤 아버지가 혼자되고 큰딸에게 "아들 집에 가고 싶은 생각 없으니까 너희들 다섯이서 매달 돈을 모아서 나를 도와라. 그러면 나는 혼자 독립해 살겠다."고 제안했대요. 그렇게 아버지는 남한산성 밑에 있는 조용한 곳에 셋방을 얻고 혼자 지내게 됐어요. 자기 나름대로 규칙적이지만 자유로운 생활을 계속했어요. 기상 시간, 아침 식사, 청소, 산책, 점심 먹는 식당, 식사 후에 들르는 커피숍 등 모든 게 불만스럽지 않았어요.

상당히 긴 세월을 그렇게 지내다가 길 위에서 넘어져 할 수 없이 요양 병원으로 입원을 하게 됐어요. 하루는 작은딸이 병간호를 하는데 아버지가 잠꼬대를 하면서 "보고 싶다."는 말을 하더래요. 잠이 깬 후에 딸이 물었대요.

"아버지, 어머니가 보고 싶으시지요?"

"어머니가 떠나간 지 20년이나 되는데 보고 싶은 생각은 없어진 지 오래다."

"그러면 군대에 같이 있던 친구 분들이 보고 싶으세요?"

"이 나이에 친구는 무슨 친구? 생사도 모르고 있는데……."

"그러면 누가 그렇게 보고 싶으세요?"

"보고 싶긴 누가 보고 싶어?"

시치미를 떼는 아버지를 이상하게 생각한 큰딸이 나중에 넌지시 말했대요.

"보고 싶은 사람이 있으면 말씀하세요. 제가 만나도록 해드릴 테니까요."

아버지의 대답은 뜻밖이었어요.

"매일 들르던 다방의 미스 박이 보고 싶기는 한데……."

큰딸은 '어머니나 자식들보다 미스 박이 제일인가 보다.'고 섭섭해하다가 '역시 아버지는 늙어서도 남자인가 보다.'고 생각을 바꾸었다는 얘기예요. 그래서 큰딸이 미스 박을 찾아가 두 사람의 만남이 성사되었다고 해요. 아버지는 미스 박이 온다고 하니 거울을 보면서 머리를 매만지고 옷차림을 단정히 하더래요. 둘만 있는 방에서 무슨 얘기를 했는지는 아무도 모른다는 큰딸의 얘기였어요.

듣는 사람들이 다들 웃었고, 나도 웃었어요. 그런데 누군가가 나에게 "남자는 죽을 때까지 남자인가 보지요?"라고 물어요. 나는 적당한 대답이 없어 "그럼 남자가 여자로 변하겠어요?"라고 했어요. 그러면서도 속으로는 '그래, 남자는 다 그런 것 같다.'고 생각했어요.

그렇게 보면, 오래전 내 어머니와 적기 누님의 판단이 옳았다는 생각을 다시 한번 하게 돼요. 적기 누님은 내 8촌되는 누님인데, 나보다 7, 8년쯤 연상이에요. 진짜 이름은 기억을 못하고 우리 집안에서는 다들 적기 누님이라고 불렀어요. 옛날 평양에서 일찍 부잣집 맏며느리로 출가를 했는데 3, 4년이 지나도록 아기를 갖지 못하자 친정으로 쫓겨왔고, 그 후 서울시 쪽에서 일을 하며 40년 동안 혼자 지냈어요.

그 누님이 한번은 집으로 찾아와 작은어머니라고 부르는 내 어머니와 긴 이야기를 나누고 간 일이 있었어요. 어머니에게 들은 사유는 약간 뜻밖이었어요.

한 부인이 누님을 여러 차례 찾아와, 친정아버지가 상배하고 혼자 된 지 여러 해가 되는데 홀로 계시는 것이 마음 아파 두 오빠와 상의해 새어머니를 모시자고 합의를 보았다고 했대요. 그러면서 여러 방면으로 알아보다가 적기 누님을 알게 됐고, 가족회의에서 결정했으니까 거절하지 말고 새어머니가 되어달라는 간청이었어요.

누님이 내 어머니를 찾아와 그 얘기를 상의한 것은 늦은 나이에 팔자를 고치는 것이 주변에 망신스럽기도 하고, 동생들의 가족에게 누가 될지 모르겠다는 거였어요. 어머니의 생각은 달랐습니다.

"평생 아들딸도 없이 사는 것이 애처로웠는데 더 나이 들면 갈 곳이 없지 않느냐. 그 할아버지가 건강하다면 팔자를 바꿔라. 혹시 건강이 좀 나쁘더라도 어차피 도와주러 가는 길인데……."

결국 누님은 결혼을 허락했어요. 한 가지 조건이 있었다고 해요. 결혼을 하고 서울에 사는 것은 남들에게 부끄러우니 미국에 가서 결혼을 하고 살다가 서울 가족들이 보고 싶으면 다녀가면 좋겠다는 거였어요.

나는 지금도 적기 누님이 어디서 결혼식을 올렸는지 몰라요. 오랜 세월이 지난 후 자형은 93세에 세상을 떠났고, 누님은 2년 뒤에 자형 옆으로 갔다는 소식을 들었어요. 지금도 생각해 보곤 해요. 그때 누님의 선택이 옳았다고요.

부부가 서로 의지하고 사랑하다가 한쪽이 먼저 가게 되면, 남은 사람이 느끼는 그 공허함과 고독감은 경험해 보지 않은 사람은 몰라요. 옛날에는 효성스런 자식들이 있어 괜찮다고 자위하기도 했으나 그 고독감은 자녀들이 해결해 주지 못해요. 한 발로 서 있는 것 같은 쓸쓸함이라고 할까요? 그래서 나는 나이 들어 혼자된 제자들에게 가급적 재혼하라고 권해요.

치열한 경쟁 사회에서
직장이 행복의 터전이 될 수 있을까요?

우리에게 직장은 눈뜨고 살아가는 시간의
대부분을 차지하는 삶의 터전입니다.
그곳에서 힘들고 지친다면 우리의 인생도 불행할 수밖에 없을 거예요.
하지만 현실은 녹록지 않습니다.
때로 직장은 생존의 정글이 되니까요.
직장은 꼭 그래야 하는 걸까요?
무한 경쟁 시대에도 직장이 행복의 터전이 될 수 있을까요?

나는 대학으로 가기 전에 중앙중고등학교에서 7년을 보내며 설립자인 인촌 김성수 선생 밑에서 일했어요. 당시 나는 30대 전후였기 때문에 사회적으로는 아직 철들지 못했어요. 그러나 그 몇 해 동안에 그분으로부터 많은 것을 배웠어요. 그분의 가르침을 받지 못했다면 내가 사회생활을 하는 동안에 많은 시행착오를 겪었을 거예요.

인촌은 아첨하는 사람, 동료를 비방하는 사람, 편가르기를 하는 사람을 가까이하지 않았어요. 그리고 당신 밑에서 한번 일하도록 받아들인 사람은 끝까지 돌봐주는 후덕함을 지녔어요. 그런 점들을 배웠기 때문에 나도 그런 사람으로 살아야겠다는 생각을 갖고 사회생활을 이어온 셈입니다.

중앙학교에서 교감직을 맡고 있을 때였어요. 우리 교장이 나를 찾아와 한 교사를 이번 학기 말로 면직하자는 제안을 했어요. 실력도 달리고 학부모들도 불만이 많다는 거예요. 짐작 가는 바가 있었지만 내가 그 교사라면 어떨까 하는 생각이 났고, 인촌 같으면 어떻게 처리하였을까 생각도 해보았어요. 그래서 교장에게 한 학기만 나에게 맡겨달라고 청했어요.

나는 조용히 그 교사를 찾아가 교장의 뜻을 전하면서 한 학기 동안 나도 도와줄 테니 최선의 노력을 다해보고 학교와 학생들을 위해 사심 없이 판단해 보자고 걱정을 나누었어요.

한 학기가 지난 다음 그 선생은 자신이 떠나는 것이 좋겠다고 자인했어요. 그러면서 적당한 지방 학교로 갈 수 있도록 도와주면 좋겠다는 청원도 숨기지 않았어요. 나는 교장과 협의해서 지방 학교로 가도록 도와주었습니다. 그 후에 나는 연세대학교로 적을 옮겼는데 그 선생은 그다음부터 나를 대단히 존경에 가까울 정도로 고맙게 여기게 되었어요. 가족들도 나를 은인과 같이 감사히 여기곤 했어요.

나는 인촌에게서 인간관계의 소중함을 배웠고 인촌이 나에게 베풀어준 후의를 그 선생에게 조금 나눠준 것뿐입니다. 그런데 그 작은 배려가 계기가 되어 나와 그 선생은 아름다운 행복을 함께 할 수 있었어요.

직장에서는 합리성과 능률성이 중요하다고 해도 서로 나눌 수 있는 따뜻한 배려와 사랑의 정이 있으면 좋다고 생각해요. 윗사람이 모범을 보여 그 사랑의 정이 또 다른 이에게 연결돼 세상이 좀 더 따뜻해진다면 좋은 일이니까요.

직장에는 언제나 경쟁이 뒤따릅니다. 그런데 같은 일에도 선의가 아닌 이기적인 경쟁심에 빠져드는 사람이 있어요. 그런 사람에게는 성공의 길이 열리지 않습니다. 그리고 자신의 그런 마음 때문에 스스로 고통과 불행의 짐을 지고 살게 됩니다.

이기주의자가 행복한 가정을 유지한 예는 없어요. 마찬가지로 이기심을 극복하지 못하는 사람과 같은 직장에서 일하게 되면, 함께 일하는 사람 모두가 불행해집니다. 누구나 경험하는 사실이죠.

경쟁에는 세 단계가 있어요. 첫째는 이기적 경쟁이에요. 이기심을 버리지 못하는 사람은 평생을 시기와 질투심에서 벗어나지 못해요. 불행을 스스로 초래하는 인생을 살게 돼요.

둘째는 선의의 경쟁이에요. 선의의 경쟁을 하는 사람은 승자에게 박수를 보내며 패자를 위로하는 아량을 베풉니다. 서로의 위치를 이해할 수 있기 때문이죠.

그러나 더 큰 목표를 갖고 사는 사람들은 사랑이 있는 경쟁을 할 수 있습니다. 사랑이 있는 경쟁을 하게 되면 더 고귀한 목적을 위해서 서로 위하고 양보하는 게 가능해져요.

내 경우도 그랬어요. 내 친구인 김태길 교수는 좋은 문장을 쓰는 재능은 있었으나 언변이 좋은 편은 아니었어요. 한번은 같이 강연을 했는데 김 교수가 "김 선생은 어떻게 그렇게 강연을 잘하세요? 타고난 소질인가 봐."라고 했어요. 내가 "강연 내용은 김 교수가 더 좋지 않으세요?"라고 했더니 "강연이야 청중이 받아들이는 결과가 중한 걸요." 하면서 부러운 듯이 말해요.

얼마 후의 일이에요. 김 교수가 "내가 강연 초청을 받았는데, 아무래도 나보다는 김 선생이 더 좋을 것 같아 추천했으니까 수고해 주었으면 좋겠어."라고 했어요. 나는 친구인 김 교수를 존경하는 마음을 갖지 않을 수가 없었습니다.

그런데, 직장생활을 하면서 느끼는 가장 큰 문제는 직책의 상하 관계와 인격의 평등 관계를 혼동하거나 망각하는 사람들이 많다는 거예요.

직책의 상하 관계는 엄존해야 하지만, 인격의 평등 관계는 더욱 소중하다는 사실을 우리 모두가 알았으면 해요. 그것이 직장생활에서의 행복의 길이에요.

성공과 행복 중 한 가지를 택하라면?

어떤 사람은 성공했지만 행복하지 못하고,

어떤 사람은 성공 대신 행복을 택하기도 합니다.

물론 대부분의 사람은 성공도 하고 싶고 행복해지고도 싶어 하죠.

그게 지나친 욕심일까요?

성공과 행복은 양립할 수 있을까요?

여러 해 전에 학부모들 대상으로 "아들딸들이 어떻게 자라길 원하느냐?"는 여론 조사를 한 적이 있어요. 유럽의 부모들은 90퍼센트가 행복해지기를 원한다고 대답했는데, 우리나라 부모들은 성공하길 원한다는 응답이 압도적으로 많았어요.

나도 생각해 보면 아들딸 키울 때 훌륭해지고 성공하길 원했던 것 같아요. 왜 그런 차이가 생겼을까, 궁금해 하던 차에 유럽에 갔다가 독일에 들르게 됐습니다.

주말에 공원에 가서 대학원 학생하고 같이 얘기하고 있는데, 젊은 부부 한 쌍이 눈에 들어왔어요. 남자는 이쪽 편에서 그림을 열심히 그리고 있고, 저쪽 벤치에는 젊은 부인이 앉아서 책을 읽고 있었어요. 어린애는 아버지한테 왔다가 엄마한테 갔다 하고요. 그걸 보니까 정말 행복 그 자체예요. 대학원 학생 보고서 미안하지만 얘기 좀 나눠보자고 해서 이제 대화를 하게 됐어요.

나는 그 부부가 다 대학 나온 사람인 줄 알았습니다. 그런데 고등학교만 나온 거예요. 남편은 공장의 생산직 직원이에요. 내가 "왜 대학에 안 갔느냐?"고 물었더니 "처음부터 대학 가고 싶은 생각은 없었다."고 해요. 또 "그림 그리는 걸 좋아해 취미로 그림을 그리는데, 유명한 화가가 되려는 건 아니다."고 해요.

아내는 고등학교 다닐 때 친구가 됐는데, 소설 읽는 것이 취미라서 이따금 글을 쓰지만 작가가 되겠다는 욕심은 없대요.

"회사에서 더 높은 자리에 올라가고 싶은 생각은 없느냐?"고 물으니까 "그런 생각은 없다."고 해요. 위로 올라갈수록 부담이 많아지고 시간을 많이 뺏기고 고생한다고요. 높은 자리에 있는 분들이 일 맡아주는 거는 고맙게 생각하지만 자기는 그럴 생각이 없다고요. 예를 들어, 자기네 과장은 퇴근해서도 회사 걱정해야 하지만 난 내 일만 하면 되고 아주 행복하다고 말이죠. 봉급의 격차가 심하지 않으니까요.

유럽의 안정된 나라에 가보면 경쟁 사회라기보다는 공존 사회라는 인상을 받습니다. 더불어 살기 위해서 다양한 사회적 가치관이 존재하는 거죠. 어떤 사람만이 성공한다든가 행복하다는 고정된 관념이 많지 않아요. 각자가 자기 인생의 길에서 즐거움과 행복을 찾아 누리고, 그것이 성공인 셈이죠. 하나의 성공을 위해 아홉의 인생을 빼앗기고 싶지 않다는 생각이 지배적이라고 할까요?

사람들은 누구나 자기 인생을 스스로 개척하도록 되어있어요. 상대방이 나와 같아지기를 원해도 안 되며, 또 모든 사람이 같은 자리에서 동일한 경쟁을 하는 것도 아니니까요.

내가 중학교에 다닐 때 영어 교과서에 이런 이야기가 실려 있었어요.

한 철학자가 행복한 사람을 찾기 위해 길을 나섰어요. 들판에서 한 농부가 밭을 갈고 있었습니다. 싱그러운 봄바람이 불어오고, 농부가 소에게 "이랴! 이랴!" 하는 소리가 마치 음악 소리처럼 정겹게 들렸어요.

철학자가 말을 걸었어요.

"밭을 가는 모습을 보고 있으니 한 폭의 풍경화를 보는 것 같았습니다. 무척 행복해 보이세요."

농부가 물끄러미 철학자를 보더니 대답해요.

"행복이요? 부럽다고요? 나도 재산이 있으면 이런 일 하지 않아요. 내 땅이 없으니 주인집 머슴으로 들어가 죽지 못해 이 일을 하고 있어요. 내 처지가 얼마나 처량한지 아십니까? 한평생 이렇게 살 팔자라면 살고 싶지도 않다고요."

며칠 후 철학자는 산길을 걷다가 언덕 밑에서 몇 사람이 몰려다니는 것을 보았어요. 자그마한 흰 공을 작대기 같은 걸로 때리고는 따라가는 것을 반복하고 있었어요. 그러다가 그 공이 구멍으로 들어가면 박수를 치면서 탄성을 지르는 거예요.

철학자가 말을 건넸어요.

"내가 오래전부터 지켜보았는데, 무엇 때문에 그 죄도 없는 공을 때려서 좁은 구멍에 집어넣는 직업을 갖게 되었습니까? 아무 소득도 없고 보상도 없을 것 같은데요."

그러자 한 사람이 할 말이 없다는 표정으로 이렇게 말했어요.

"당신은 골프를 치는 일이 얼마나 즐겁고 행복한지 아세요? 우리는 세상에서 가장 행복함을 누리는 사람들이에요."

철학자는 도무지 알 수가 없었습니다.

지금도 내 머릿속에는 행복과 성공의 차이가 바로 이거구나, 하는 생각이 있어요. 우리는 사회적으로 윗자리에 가느냐, 못 가느냐를 자꾸 성공의 기준이라고 생각하는데, 그건 아닙니다. 내가 하고 싶은 일을 할 수 있고 그 일에 최선을 다할 수 있다면 그걸로 족하고 그게 바로 행복입니다.

성경에 보면, 주인이 여행을 떠나면서 하인들을 불러 각각 5달란트, 2달란트, 1달란트를 나눠준 얘기가 나와요. 그건 그 사람의 능력만큼 준 거거든요. 여행에서 돌아와 보니 5달란트 받은 사람은 투자해서 5달란트를 더 벌고, 2달란트 받은 사람은 2달란트를 더 벌어요. 그런데 1달란트 받은 사람은 실패할까 봐 겁이 나서 땅에 묻어두었다가 1달란트 그대로 가져와요. 주인이 앞에 두 사람은 칭찬하지만 1달란트 가진 사람은 게으르다며 혼을 내고 쫓아냅니다.

성공도 그런 것 같아요. 5를 지니고 태어났는데 7을 이루면 성공한 사람이고, 9를 지니고 태어났는데 7을 이루면 성공하지 못했다고 말할 수 있어요. 남의 기준이 아니라, 자기 기준이 더 중요해요.

내 큰아들은 열심히 노력하면 100까지 올라갈 텐데 80까지밖에 못 갔거든요. 그런데 둘째 아들은 60밖에는 내가 인정을 안 하는데, 노력해서 70까지 올라갔거든요. 그러면 아버지가 볼 때는 누가 더 성공했느냐? 큰아들이 아니고 둘째 아들이거든요. 그러니까 누구든지 최선을 다한 사람은 성공한 사람이라고 할 수 있어요.

또 한 가지는 너무 빨리 성공하려고 하지 말라는 거예요. 능력이 아직 완성되지 못했는데 높은 자리에 올라가면 결국 떨어지고 말거든요. 그러면 만회하기가 힘듭니다. 천천히 능력을 갖춰가면서 올라가면 오래 갈 수 있어요. 성장하는 기쁨도 누리고요.

마지막으로 행복한 성공은 무엇이냐? 이런 생각을 해보면 "당신이 있어서 참 행복했습니다."라는 인사를 받을 수 있으면 그 사람은 성공했다고 볼 수 있을 거예요. 내가 우스운 말로 내 인생에서 제일 행복했던 때는 2002년 월드컵 했을 때라고 그러거든요. 그 선수들이 내게 행복을 줬어요. 우리도 곁에 있는 사람들에게 그런 기쁨을 줄 수 있지 않을까요? 그럴 때 진정으로 행복한 성공을 이룰 수 있을 거예요.

인생은 50세가 되기 전에는
평가해서는 안 됩니다.
그래서 자녀들을 키울 때도
이 애들이 50세쯤 되면 어떤 인간으로
사회에 도움을 줄 수 있을까를
생각하는 것이 옳다고 생각해요.

왜 책을 읽어야 하나요?

요즘은 영상 시대라고 해요.

곳곳에 눈길을 사로잡는 영상들이 차고 넘치죠.

그래서인지 1년에 책 한 권 안 읽는 사람이 대부분이라고 합니다.

그럼에도 불구하고 우리는 왜 책을 읽어야 할까요?

어릴 때는 물론이고, 나이 들어서도

책을 손에서 놓지 말아야 할 이유가 있을까요?

미안한 얘기지만 독서는 성인이 돼서 시작해서는 잘 안 됩니다. 어릴 때부터 습관을 키워줘야 하는데, 우리 학교 교육에서 아쉬운 점이에요.

미국에 가보면 중고등학교 선생님들이 한 학기에 꼭 읽어야 할 책 서너 권을 정해서 학생들에게 읽도록 해요. 주로 선정되는 책이 구약의 창세기나 신약의 마가복음 같은 거예요. 성경의 창세기는 인류 전체의 공동 지식이거든요. 조지 워싱턴, 에이브러햄 링컨, 벤자민 프랭클린의 자서전도 읽으라고 해요.

그런데 미안한 얘기지만, 우리는 고3 학생이 독서하고 있으면 "너 수능 시험이 내일모레인데 책 읽고 있느냐?"고 하거든요.

내 경우를 생각해 보면, 중학교 3학년 때 신사 참배 문제로 1년 동안 학교를 휴학하고 대신에 평양시립도서관에 다녔어요. 그때는 정말 책 읽는 게 재미있었어요. 한국 문학 책도 읽고 철학 책도 읽었어요. 1년 동안 학교 못 간 게 손해인 줄 알았는데, 다시 학교에 가서 보니까 그 독서 1년 한 것이 학교 1년 다닌 것보다 좋았어요.

우선 뭐가 달라지느냐면, 교과서에 어떤 사람의 글이 나오면 '이건 그 사람의 사상의 한 부분인데, 나는 그 사람 책 다 읽었는데 뭐 저런 걸 하나?' 이런 생각이 들었어요. 좀 건방지게 말하면, '아, 1년 동안 책 읽었더니 우리 국어 선생보다 내가 더 많이 아는구나.' 이렇게 되는 거죠. 그래서 그때 학교 1년 쉬고 책 읽은 걸 절대 후회 안 해요. 오히려 고맙고 감사하게 생각하죠.

일본에서 대학에 가니까 한 학기에 강의 하나 듣기 위해서는 교수가 지목한 책 2~3권은 읽어야 해요. 책 읽고 강의 듣고 양편이 되는 거죠. 그런데 지금 우리 대학은 어떤가 모르겠어요. 강의만 열심히 듣고 페이퍼 내면 내가 하는 공부는 없거든요.

미국은 나중에 법학이나 의학 공부를 하더라도 대학 들어가서 최소 1년 반은 인문학을 공부하거든요. 그 공부라는 게 다 독서고요.

독서라는 게 마음의 양식이거든요. 음식을 먹지 않고 사는 사람은 없어요. 독서는 정신적 양식을 제공하기 때문에 독서하지 않는다고 해서 신체적으로 굶어 죽지는 않아요. 그러나 정신적 양식을 얻지 못하는 사람은 인간적으로 성장할 수 없지요.

예전에 은퇴한 목사님들 모임에 강연을 간 적이 있어요. 내가 개인적 관심도 있어서 물어봤습니다. "우리 목사님들 가운데 공자의 생애와 사상이 들어가 있는 『논어』를 읽은 분이 얼마나 될까요?" 그랬더니 그분들 얘기가 "학교에서 배우지 않았으면 없을 걸요." 그래요.

내가 생각하기에는, 동양의 지도자가 논어를 읽지 않았다고 하면 뭔가 좀 잘못된 거거든요. 그런데 그것이 잘못됐다는 생각을 안 해요.

내가 38선 넘어와서 중앙학교 교사로 갔는데, 국어 선생들이 나한테 와서 "이삭이라는 사람이 누굽니까?" "안식일이 왜 생긴 겁니까?" 그런 걸 물어요. 학생들한테 가르쳐 줘야겠는데 모르겠다고요.

암만 나와 상관없어도 인간으로서 기초 교육은 필요하다는 생각을 해요. 인문학 교육을 못 받은 사람들은 한군데에 빠져서 헤어나질 못해요. 서울 법대 나오고 의대 나와도 그 세계만 알지, 세상은 잘 몰라요. 그래서 미국식으로 1년 반 동안은 고전도 읽고 인문학을 해야겠다는 걸 느껴요.

강연 가서 독서의 중요성을 말할 때 이런 얘기를 합니다.

"만약에 태양이 없어서 햇빛이 사라진다면 어떻게 될까? 달빛이나 별빛 밑에 살아야 하니 얼마나 불편하겠는가. 마찬가지로 우리 인류 역사에서 문화의 태양이 없어진다면 우리가 얼마나 어둡게 살겠는가?"

그 문화의 태양에 해당할 만한 나라가 내가 생각하기에는 다섯 나라예요. 영국이 첫째고요, 그다음이 프랑스와 독일이에요. 그다음에 러시아가 나올 거라고 생각했는데, 공산 국가가 되면서 100년 동안 인문학을 없앴거든요. 러시아에서 당분간은 톨스토이나 도스토옙스키 같은 사람은 못 나와요. 그래서 러시아는 떨어지고, 미국이 대신 올라왔고요. 아시아에서는 일본이에요. 이 다섯 나라가 태양 구실을 해주니까 우리가 이제 문화의 밝은 세상에 사는 거지요.

그럼 그 다섯 나라가 어떤 나라인가? 내가 직접 경험하고 여행에서 느낀 것인데, 국민의 절대다수가 100년 이상 독서한 나라들이에요.

유럽에서는 이탈리아, 스페인, 포르투갈이 영국보다 먼저 올라간 나라거든요. 그런데 왜 이 나라들은 실패했느냐? 독서를 안 했거든요. 스페인의 마드리드시청 앞에 가보면, 세르반테스 동상 하나밖에 없어요. 세계적으로 자랑거리거든요. 그런데 그런 동상이 독일이나 영국에는 20~30명씩 있습니다. 독서하는 국민이 키운 결과죠.

그러니까 우리도 독서를 안 하게 되면 문화국에 동참을 못하니 독서하자는 얘기를 자꾸 하게 됩니다. 독서를 하는 민족과 안 하는 민족의 운명은 다릅니다.

구체적으로 독서하는 방법이라든지, 어떤 책을 읽으면 좋으냐는 질문도 많이 받아요. 방송국 같은 데 가면 "선생님, 꼭 읽어야 할 책 하나만 좀 알려주세요." 그래요. 그러면 내가 그러죠. "책 한 권도 안 읽었구먼."

책 읽은 사람은 다음에 뭐 읽겠다, 그다음엔 뭐 읽겠다가 자연히 나오는데 한 권도 안 읽었으니까 꼭 한 권 알려달라고 하거든요. 그래서 "뭐든지 하나 읽어라."고 해요. "읽으면 또 나오고 그러니까 우선 무엇이든 읽어라."고 그러죠.

어떤 책을 일반적으로 읽으면 좋으냐? 그런 질문도 하는데, 어렸을 때는 윤리적, 도덕적으로 교육이 될 만한 책을 읽는 게 좋죠. 조금 올라가게 되면 존경하는 사람, 또 역사적으로 훌륭한 사람의 전기를 읽어도 좋을 거 같아요.

우리 아버지는 학교 교육을 못 받으신 분인데 내가 초등학교 상급반 되니까 세계 위인들 몇 명의 사진을 보여주면서 이런 사람들이 훌륭한 사람들이라고 하셨어요. 도움이 됐어요.

대학 시절에는 전공 분야가 있지만, 그래도 고전에 해당하는 몇 권은 읽었으면 좋겠어요. 성경의 창세기를 읽는다든지, 논어를 읽는다든지요. 다 이해하든 못하든 그런 고전에 해당하는 걸 읽어두면 당장은 모르지만 이다음에 내가 성장하면 알게 돼요.

한 가지 말씀드리고 싶은 것은 고등학교 상급반쯤 됐을 때는 문학적인 건 좀 읽었으면 좋겠어요. 정서적으로 나를 키워주고, 이다음에 문장을 쓸 때 도움이 됩니다.

마지막 얘기는 60대 이상에서는 독서하고 안 하는 것이 인생의 아주 중요한 갈림길이 된다는 거예요. 60세가 넘어서 독서하는 사람들은 성장하고요, 그렇지 않고 책을 놓는 사람은 암만 대학을 나왔다고 해도 그걸로 메마르고 말아요. 나무가 자라지 못하고 메마르고 말거든요.

60세가 넘어서도 책을 읽으면 처음에는 배우기 위해서 읽는데요. 그 그릇이 차게 되면 또 생산적으로 돼요. 미국 시애틀에 김준 씨라고 있는데, 중고등학교 교사로 있다가 내가 하는 바이블 클래스에 오래 나오다가 이민 갔거든요. 그분 이야기가, 자기가 오래 지내면서 보니까 김형석 교수의 장점이 뭐냐 하면 나이 들었어도 쉬지 않고 계속해서 공부하는 거라고 해요. 그분이 미국 가서도 계속 공부했거든요. 그래서 그곳에서 나오는 한인 신문에 정기적으로 칼럼도 싣고, 그게 책이 되어서 나왔어요.

나이 들어서 책 읽는 사람은 존중을 받고, 나이 들었다고 해서 읽지 못하는 사람은 사그라들고 말아요. 결론적으로 얘기하면, 독서가 나의 행복의 원천이 되고 우리 사회를 성장시키는 데 큰 도움이 된다는 말씀을 드리고 싶어요.

Q 19

기계 문명이 발달한 21세기는
어떻게 살아야 하나요?

몇 해 전 알파고가 바둑에서 인간을 이긴 사건이

인류에게 큰 충격을 주었습니다.

조만간 기계가 인간을 지배하는 시대가 올지도 모른다는 우려가 커졌죠.

기계 만능의 21세기에 우리는 어떻게 살아야 할까요?

21세기에도 우리가 지켜야 할 정신적 유산은 무엇일까요?

옛날에는 우리가 다 인문학을 가지고 살았습니다. 철학, 문학, 역사 같은 인문학은 개인이 중심이에요. 소설가 누구, 시인 누구 이렇게 다 개인 중심이지요.

그런데 산업 혁명을 겪은 다음에는 개인이 무력화되고 말았어요. 개인은 의미가 없고 사회가 문제라고 해서 사회 과학이 인문학의 영역을 지배하게 되었어요. 그러다가 갑자기 상대성 원리를 계기로 자연 과학이 올라오고, 기계 공학이 뒤따라오고, 지금 AI까지 나왔거든요. 개인이 암만 머리가 좋아도 기계를 못 따라가요.

21세기의 제일 큰 비극이 뭐고 하니, 기계의 비중이 엄청나게 커졌다는 거예요. 기계는 계속해서 발달하는데 사람은 고작 100년도 못 사니까 사람이 기계를 만들어 놓고 기계의 종이 되어버렸어요. 예를 들어, 핵무기를 만들면 전쟁에 지지 않는다고 해서 잔뜩 만들고는 온 인류가 겁에 질려 살고 있거든요.

영국의 러셀이라는 철학자가 핵무기 반대운동을 많이 했어요. 그 사람이 쓴 글에 우리가 얼마나 어리석게 사는지 잘 묘사돼 있어요. 인류가 넓은 강당에 큰 원자탄을 하나 만들어 놓고 왔다갔다하면서 살고 있는데, 폭발하면 다 죽으니까 기껏 연구한 것이 핵무기 앞에다 "담뱃불 던지면 다 죽으니 던지지 말라."고 쓰고 유엔 도장 하나 찍어서 붙여놓았다고요.

우리가 잘 사는 것 같지만 전부 기계의 노예가 됐거든요. 기계가 사람을 앞서게 되면 기계를 따라갈 수밖에 없어요. 우스운 이야기를 하나 들었어요. 중국에서 AI 만들고 자랑스러우니까 시진핑이 AI한테 물어봤대요. "중국이 얼마나 살기 좋으냐?" 그랬더니 답이 "중국은 미래가 없으니까 빨리 미국으로 이민 가라."고 했대요.

기계 문명이 발달할수록 자연 과학과 균등할 수 있는 사회 과학, 기계 공학을 지배할 수 있는 윤리관이 필요해요.

그런데 인류가 공존할 수 있으려면 정직한 사회, 정의를 구현할 수 있는 사회, 자유가 있는 사회를 만들어야 합니다. '정의는 왜 존재하느냐? 자유가 왜 있느냐?' 하고 물으면, 내가 개인적으로 강조하고 싶은 것은 정의를 위한 정의가 있는 게 아니고 자유를 위한 자유가 있는 게 아니라는 겁니다. 정의와 자유는 더 많은 사람이 인간답게, 행복하게 살 수 있게 돕기 위해서 필요한 거예요. 그러니까 이기적인 경쟁으로는 무너지고, 기계가 하는 경쟁은 무너지게 돼있어요. 선의의 경쟁은 사회 과학이고, 인류가 행복하게 사는 거는 인문학이 지향하는 거니까 그 방향으로 가서 21세기 문제를 해결해야 합니다. 당장은 괜찮을지 몰라도 앞으로 50년 후, 100년 후에는 이 문제가 심각해질 거라고 생각합니다.

이제 걱정은 뭐냐 하면, 내가 옛날 교수 생활할 때는 세계에서 영어, 독어, 불어 세 가지를 썼어요. 비즈니스 하는 사람들은 영어를 썼고, 예술하는 사람들은 불어를 썼고, 자연 과학을 하는 사람들은 독어를 썼어요. 그런데 시간이 지나다 보니까 독어와 불어는 그 이상 발전을 못하고 영어 문화권이 지금 세계를 지배하고 있습니다.

언어도 세력에 따라서 사라지거나 약화돼요. 예를 들어, 스위스는 이쪽 지역은 불어를 쓰고 저쪽은 독일어를 쓰니까 같은 나라지만 여긴 불어 문화권이고 저긴 독어 문화권이었어요. 그러다가 영어가 자꾸 들어오니까 지금 스위스는 세계에서 문화 수준이 제일 높은 나라지만 영어 문화권, 독일어 문화권, 불어 문화권으로 나뉘고 정작 자기네 문화는 없어요.

우리도 그렇게 될 뻔했는데 한글문화권이 생겼으니까, 이제 우리 문화를 어떻게 살려가야 하는가가 중요한 문제예요.

내가 고등학교에 강연하러 갔다가 학생들에게 "세종대왕이 한글을 만들지 않았으면 너희들 지금 국어 교과서를 무슨 글자로 썼을 것 같으냐?" 물었더니 깜짝 놀라요. 왜냐하면 당연하게 생각하는 거였으니까요.

일본에서 대학 다닐 때 대만에서 온 학생이 있었는데, 대만 원주민들이 말은 있지만 글자가 없다고 해요. 그래서 어떻게 글씨를 쓰느냐고 물으니, 영어 알파벳을 써서 소리 나는 대로 쓴대요.

언어학자들에 따르면, 전 세계에 원래 수천 개의 말이 있었는데 문자가 없는 말이 대부분이어서 지금은 수백 개로 줄었다고 해요.

한글이 생겼다는 건 다시 말해 우리 민족이 문화인이 될 자격을 얻었다는 거예요. 그런데 한글이 얼마나 좋으냐면, 남태평양의 어떤 나라가 말은 있는데 문자가 없으니까 어디서 문자를 좀 꿔와야겠다고 해서 세계 각국을 다 뒤졌습니다. 그 결과 한글을 선택했어요. 소리 나는 대로 모두 표시할 수 있으니까요. 한글만큼 좋은 게 없으니까요. 그래서 우리 문자를 갖다가 저희 말에다 붙여서 쓴다고요. 그 정도로 우리 한글이 잘 만들어져 있어요.

그런데 지금 내 걱정이 뭐냐 하면, 한글문화가 100년 후, 200년 후에도 살아남을 수 있을까 하는 거예요. 그건 젊은 사람들의 책임이에요. 잘하면 남고 잘하지 못하면 없어지고 마는 거예요. 없어진다고 하니까 이상하게 생각할지 모르지만, 지금 대만이 없어질 위기에 있잖아요.

한글문화권을 만들려면 사회 과학이 발달하거나 인문학이 발달해야 합니다. 그런데 사회 과학은 정치 경제가 중심인데 우리는 작은 나라이기 때문에 세계무대에 나갈 수가 없어요. 남은 건 인문학이죠. 인문학 중에서도 한글과 관련 깊은 것은 문자로 하는 인문학이에요. 소설을 쓴다든지 시를 쓴다든지 역사를 한다든지, 그런 걸 우리가 살려야 해요. 그래서 학생들한테 당부하고 싶은 게 "문학을 사랑하고 독서를 많이 해서 인문학을 좀 키우라."는 거예요.

얼마 전에 독일 학생이 중국 문화를 연구하러 중국에 갔다가 대만으로 옮겨갔어요. 왜냐하면 중국이 공산 국가가 되고 나서 인문학이 없어졌거든요. 또 내 제자들이 서양 고대 철학을 공부하려면 원래는 그리스로 가야 하잖아요? 그런데 그리스로 가면 공부를 할 수 없어요. 학자도 없으니까요. 그래서 어디로 가느냐? 독일이나 영국으로 가거든요.

그런데 우리만이 가진 특수한 게 있거든요. 예를 들어, 한우근 교수가 『한국통사』를 썼는데, 외국 사람들이 한국을 연구하려면 한국의 역사를 공부할 수밖에 없으니까 이 책이 영어로 번역이 됐어요. 이처럼 한국이 가지고 있는 그 특수한 것들, 우리나라 소설과 시들이 번역돼서 세계로 알려지면 많이 도움이 되겠죠.

그래서 내가 강연에서 학생들에게 이렇게 당부했습니다.

"그리스 문화를 공부하려는 사람들이 독일에 가게 되면 그리스 사람들이 얼마나 망신스럽겠느냐? 너희들이 인문학을 못하게 되면, 앞으로 한국 공부하려는 사람들이 일본이나 중국으로 가는 일이 생긴다. 그러니까 여러분들이 독서 많이 하고 인문학 열심히 해서 우리가 세계 문화에 자꾸 동참하는 기회를 갖게 해달라."

내가 왜 자꾸 이런 말을 하냐면 이대로 한 100년쯤 지나게 되면 한글문화가 국제무대에서 말살될까 걱정돼서 그래요. 공산 국가나 독재 국가에서 인문학이 없어지고 있고요, 그다음에 문화적으로 약소국가들에서 인문학이 없어져요. 국가가 뒷받침해서 우리 소설을 영어나 불어로 번역하는 운동을 착수하게 되면 희망이 있고, 정부가 이런 걸 도와주지 못하면 희망이 없어요. 문자를 쓰지 않는 예술은 괜찮아요. 음악도 지금 잘 나가고 있고요. 그러나 한글문화의 운명은 걱정이 돼요. 그래서 말씀드리는 겁니다.

우리 사회의 갈등의 원인은
무엇이라고 생각하나요?

사회가 점점 양극화되고 있습니다.

내 편이 아니면 적이라는 생각이 팽배합니다.

편가르기도 심해지고요.

갈등과 혐오가 커지는 상황이 걱정스러워요.

우리 사회가 이렇게 갈등이 심해진 원인은 무엇일까요?

동물들에게는 갈등이 없습니다. 그런데 인간은 항상 자기 자신과의 갈등까지 가지고 있거든요. 지금 우리가 문제 삼는 것은 사회 안에서의 갈등인데, 흔히들 갈등이 없는 사회에서 살아봤으면 좋겠다고 하는데, 그건 대단히 위험한 생각입니다.

하와이나 남태평양 가보면 원주민들이 쇠퇴해서 없어지고 있는데, 아무 문제없이 살아서 그래요. 편하게 열매 따먹고 살아도 되니까요. 거기서 알 수 있는 게, 갈등이 없는 사회는 사회 기능이 약화되고 만다는 거예요.

20세기의 대표적인 역사가인 영국의 아놀드 토인비가 '응전과 도전'이라는 말을 했어요. 예를 들어 영국은 조그만 섬나라고 유럽 대륙은 큰데, 언제든지 영국과 대륙은 1대 1 관계거든요. 영국이 이만큼 클 수 있었던 것은 대륙 속에 끼어있는 것이 아니고 따로 있었으니까 대등해졌다는 거예요.

그래서 필요한 갈등은 있어야 한다고 말할 수 있어요. 갈등이 경쟁이니까요. 문제는, 그 갈등을 극복하지 못하면 사회가 소멸되고, 그 갈등을 극복하면 사회다운 사회가 된다는 거예요.

요새 우리가 무한 경쟁이라는 말을 많이 해요. 인간은 자유가 있고 자유가 있으면 경쟁하게 되어있어요.

이 경쟁이 갈등을 만드는데, 경쟁에는 세 단계가 있어요. 낮은 단계는 모든 경쟁을 이기적인 경쟁으로 끌어내려요. 그런데 그 그룹에 속하게 되면 갈등을 극복 못해요. 예를 들어 '내가 이로우려면 경쟁에서 이겨야 한다. 나도 그렇고 너도 그렇다.' 이렇게 되면 그건 분열이 되고

파국이 되죠.

그래서 이기적인 경쟁을 선의의 경쟁으로 이끌어가야 해요. 다시 말하면 '상대방도 인정하고, 나도 인정받고 싶고, 또 나도 가능성이 있다.' 이렇게 생각하는 게 선의의 경쟁이에요.

미안하지만 요즘 여야 정치인들 싸우는 것을 보면 운동선수들한테 한 수 배워야겠다는 생각이 들어요. 운동선수들은 룰이 있거든요. 졌으면 상대방에게 박수쳐 주거든요. 그리고 나도 이다음엔 이길 수 있다고 생각하거든요. 그게 선의의 경쟁이에요.

역사적으로 봐도 고정 관념이나 선입견, 절대적인 진리가 있다고 생각하는 사람들은 선의의 경쟁을 못해요. 나는 끝까지 남아야 하니까요. 요즘 우스갯말로 내로남불이라고 하는데, 거기에 깔려있는 게 뭐고 하니 '나는 옳고 너는 틀렸다, 모든 가치는 내게 있고 네게 없다.' 이거예요.

오래전에 프랑스에서 공산당 운동이 한창 벌어졌을 때, 어떤 철학자가 공산주의자들이 생각하는 평등에 대해 이렇게 얘기했어요. 그때는 아마 캐딜락이 제일 좋은 차였나 봐요.

"누가 캐딜락을 타고 지나가면 저런 나쁜 놈이 있나, 우린 못 타는 걸 너는 타고 다니느냐, 저놈 끌어내고 차를 창고에 넣어서 아무도 못 타게 해라."

그게 공산주의자들이 생각하는 평등이라는 거죠.

그런데 그 철학자가 미국 가보니깐 가난한 흑인도 캐딜락이 지나가는 것을 보면 "와, 근사하구나. 나도 이다음에 타봐야 할 텐데." 이렇게 생각한다는 거예요. 그게 미국식 평등이라는 거예요. 그러니까 복싱을 하든지 골프를 치든지 해서 타본다는 거예요. 선의의 경쟁이죠.

그런데 나는 종교적인 관점을 가지고 있기 때문에 하나 더 나아가서 사랑이 있는 경쟁까지 말하고 싶어요. 사랑을 나눠주기 위해서 경쟁하는 사람들이 있어요. 경쟁 아닌 경쟁이지요.

누가 나라를 더 사랑하느냐, 누가 예수님를 더 사랑하느냐, 누가 가난한 사람을 더 많이 도와주느냐 하는 경쟁이에요. 사랑이 있는 경쟁까지 가면 갈등은 없어져요.

그런데 우리 사회에서 그런 경지까지 가기는 참 힘들어요. 그래서 갈등이 있기 마련인데, 그럼 갈등을 무슨 방법으로 해소하느냐 하는 문제가 나오죠.

내가 보기에는 갈등도 하나의 사회병이거든요. 의사가 환자를 고칠 때 좋은 의사는 약을 줘요. 약으로 안 될 때는 주사를 놔요. 주사로도 안 될 때는 수술을 해요.

갈등을 예방하는 것이 약을 주는 거라면, 주사를 놓는 것은 개선하고 개혁하는 거라고 할 수 있어요. 갈등 해결을 위해 투쟁을 하기도 하는데, 그건 공산주의나 전체주의가 택하는 방법이에요. 수술하자는 거지요. 공산주의나 히틀러가 왜 실패했느냐면 건강한 사람한테 수술만 자꾸 하니까 죽거든요.

또 하나는 토론을 해서 갈등을 해소하는 거예요. 민주주의의 갈등 해소 방법이죠.

예전 일본에서 대학 다닐 때 보면 교수들이 자기가 연구한 거를 쭉 발표하는 게 수업이에요. 그런데 미국 가보니까 교수가 발표하지 않고 문젯거리를 자꾸 토론시켜요. 우리 연세대의 정석해 교수가 유럽에서 철학 공부하고 미국 가보더니 "미국 교수들은 일을 안 한다. 학생들한테 다 맡겨놓는다."라고 했어요. 그런데 마지막에 가면 무엇이 진리가 되느냐? 토론을 해서 얻은 게 진리가 되지, 강의에서 얻은 건 없어지게 돼요.

내 외손자 중 하나가 미국에서 초등학교를 다녔는데, 학생회장 선거에 나가서 불평불만만 얘기했대요. 애들이 박수치고 좋아하더래요. 그래서 당선될 거라고 믿었는데 안 됐대요. 누가 당선됐느냐면 대안을 제시한 애였대요. 우리 애는 주장만 해봤지 토론을 해본 적이 없거든요. 초등학교 때부터 토론 교육을 해야 해요.

흑백 논리를 주장하는 사람들은 대화가 안 되니까 갈등을 해결할 수 없어요. 고정 관념의 노예가 된 사람들도 대화가 안 돼요.

그런데 물리적으로도 흑과 백 사이에는 회색 지대가 있을 뿐, 완전한 백과 흑은 없어요. 조금 진한 회색과 조금 옅은 회색이 있을 뿐이에요. 그런데 양쪽의 백과 흑만 고집하면 대화가 진행될 수 없어요. 중간에 타협점이 없어지거든요.

내가 한 건 무조건 옳고 네가 한 건 틀렸다는 사고방식은 안 돼요. 이 사고방식을 바꾸지 못하면 우리 역사가 불행해지거나 잘못될 겁니다.

그래서 흑백 논리적 사고방식, 정의는 내게 있고 네게 없다는 생각, 선은 우리 것이고 악은 너희 것이라는 사고방식, 내게는 잘못이 없다는 사고방식 이것을 빨리 고치지 않으면 안 되겠다는 생각이에요.

성공의 기준은 뭘까요?
5를 지니고 태어났는데 7을 이루면 성공한 사람이고,
9를 지니고 태어났는데
7을 이루면 성공하지 못했다고 말할 수 있어요.
남의 기준이 아니라,
자기 기준이 더 중요해요.

건강의 비결이 궁금해요.

주변에 나이 드신 분들을 보면,
몸이 온전하면 정신이 오락가락하고, 정신이 온전하면
거동이 불편한 분들이 많습니다.
몸과 정신 모두 건강하신 분들은 참 보기 드물어요.
교수님은 어렸을 때 생사를 걱정할 정도로 몸이 약하셨다고 들었는데,
100세가 넘도록 건강하게 사시는 비결이 정말 궁금합니다.

작년에 지방 강연이 있어 김포공항에 간 적이 있어요. 예약자들에게 표를 나눠주는데 나만 빠진 거예요. 문의를 했더니 항공사 직원이 혹시 연세가 어떻게 되시느냐고 물어요. 확인해 보니 컴퓨터에 내 나이가 '1세'라고 떴다는 거예요. 지금까지 대한항공 비행기만 930번 이상 탔는데, 한 살짜리가 930번 비행기를 탄 셈이 된 거죠. 알고 보니 내가 1920년생인데, 2021년에 만으로 101세가 됐거든요. 컴퓨터가 두 자리 숫자만 읽게끔 설정돼 있어 이런 오류가 난 거였어요.

사람들이 종종 물어요. 올해 나이가 어떻게 되느냐고요. 이상하죠? 100세가 넘으니 나이 생각이 없어져요. 내 나이 같기도 하고, 아닌 것 같기도 해요. 한 살이라고 하니 이제부터 인생을 새로 시작하는 기분으로 살아보자, 하는 생각도 들었습니다.

90세가 넘으면서 어딜 가든 가장 많이 받는 질문이 '건강과 장수의 비결'이에요. 대부분 하루 일과를 궁금해 하죠.

우선 매일 아침 6시에 일어나서 몸을 조금씩 움직여 풀어줍니다. 체조라고 말할 것까지는 아니고요. 아침 식사는 늘 똑같아요. 우유 반잔에 호박죽 반잔, 계란 반숙 하나에 샐러드, 여기에 토스트와 찐 감자를 하루씩 번갈아 먹어요. 식사 후에는 간단한 과일과 커피 반잔을 마시고요.

점심은 주로 밖에서 먹게 되는데, 생선이나 고기 위주로 영양가 있게 먹어요. 저녁은 점심보다 적게 먹고요. 점심에 생선을 먹었으면 고기를 먹는 식으로 단백질을 섭취하죠. 나처럼 일을 많이 하는 사람은 잘 먹어야 해요. 흔히들 "소식하면 오래 산다."고들 말하죠? 그런데 나이 드니까 저절로 소식하게 되더군요. 잠은 밤 10시 30분에서 11시쯤 자요.

낮잠은 잠깐씩 잘 자요. 차로 이동할 때면 무조건 잡니다. 강의 때문에 비행기에 올라 자리를 잡으면 바로 잠이 들어요. 부산에 가서 눈을 뜨면서는 '여기가 어디더라? 내가 무슨 일 때문에 왔지?'라며 깹니다. 그 잠 덕분에 그때까지의 모든 일들을 완전히 잊어버려요. 그리고 새롭게 다시 시작하죠.

지금도 기차를 타면 잠부터 자요. 서울에 도착해 눈을 뜨면 새로운 기분이 돼요. 서울 안에서도 1시간 이상 차를 탈 때는 잠을 청합니다. 시간을 버는 습관이자 일을 많이 할 수 있는 비결이에요.

나는 어렸을 때 남달리 건강하지 못했어요. 더 솔직히 말하면 건강이 너무 안 좋아 부모님이 매년 "올해는 넘길 수 있을까." 걱정하실 정도였어요. 열네 살에는 특히 안 좋았는데, 달리기하다 쓰러질 정도였어요.

건강 때문에 중학교에 못 갈 줄 알았죠. 무슨 병이었는지는 잘 모르겠는데 부모님은 아마 간질병으로 생각했는가 봐요. 부모님과 의사는 희망이 없다고 그랬어요. 어머니는 내가 20세까지 사는 것만 봐도 좋겠다고 하셨을 정도예요.

그러다 보니 어려서부터 신체적 과로나 무리는 하지 않았어요. 안 했다기보다는 할 수가 없었다는 표현이 맞겠네요. 지금도 그것이 습관이 되어 무리는 절대 안 해요. 강연을 많이 다녀도 2주일 전에는 미리 준비를 다 해놓죠. 무슨 일이든지 미리미리 준비하는 게 습관이 됐어요. 급박하면 스트레스를 받습니다.

그리고 일을 할 때는 두세 시간 단위로 일의 주제를 바꿉니다. 그러면 지치지 않고 새 기분으로 다시 시작할 수 있어요. 비교적 많은 일을 할 수 있는 방법이기도 하고요. 미리미리, 조금씩. 이게 내가 스트레스 받지 않고 일하는 비결이에요.

내일모레 강연이 있다고 하면 충분히 잠도 자요. 나는 100을 할 수 있다 하더라도 90에서 멈춥니다. 늘 여유를 둔다고 할까요. 오래 사는 사람은 절대 무리를 안 해요. 신체적으로 건강한 사람이 오래 사는 게 아니고, 무리하지 않는 사람이 오래 사는 거 같아요.

내 선배 교수의 경우를 이야기해 볼까요? 박종홍 서울대 교수는 존경받는 학자였어요. 오래전 일입니다만, 그 교수와 같이 순회강연을 다닌 적이 있어요. 아마 대구에서 강연을 끝내고 부산으로 가는 기차 안이었을 거예요.

박 선생이 나에게 "김 교수는 아직 젊으니까 하룻밤이나 이틀쯤은 계속해서 공부해도 지장이 없지요?"라고 물어요.

별로 깊이 생각지 않고 "저는 짤막짤막한 자투리 시간을 많이 이용하기는 해도 밤을 새워가면서 공부하는 무리는 하지 않습니다."라고 대답했더랬죠.

그랬더니 "나는 성격 때문인지 한번 일을 시작하면 시간 조절을 못하는가 봐요. 얼마 전에 논문을 하나 정리하고 싶어서 주말을 이용하기로 했지요. 토요일과 일요일을 그대로 계속하고 월요일에 조반도 제대로 못 먹었어요. 그러고는 가방을 챙겨 들고 대문을 나서다가 그만 졸도를 했어요. 방으로 업혀 들어오고 의사가 다녀가면서 야단을 떨었어요. 후유증도 있었고요. 이제는 나이가 드니까 몸이 말을 안 듣는 것 같아요. 그래서 밤샘하는 공부는 안 하기로 했어요."라면서 내 젊음을 부러워하더군요.

또 제가 아는 목사님은 103세까지 살았는데, 그분 역시 절대 무리를 안 했어요. 100세까지는 정신이 깨끗했고요.

의사들 이야기를 들어보면, 나이 들면 혈압과 당뇨가 가장 문제인 것 같아요. 이 병들은 주로 60세 이후에 찾아오는데, 나이 들어 관리하려고 하니까 힘이 드는 거예요. 50대부터 관리하면 80대까지 건강하게 가는 것 같더라고요. 그러기 위해서는 의료 혜택을 지혜롭게 이용해야 할 것 같아요. 경험 많은 가정의학과 전문의의 도움을 수시로 받으면 좋겠죠. 내 경우는 며느리가 소아과 의사라 도움을 받고 있어요. 나는 혈압이나 당뇨는 없어요.

건강에 너무 많은 관심을 갖는 것도 좋지 않아요. 솔직히 나는 정기 건강 검진도 하지 않았어요. 그런 것은 본받을 일은 아니지요. 그래도 다행히 건강에 큰 지장은 없어요. 아직까지는 지팡이를 짚지 않고 걸어요. 눈과 귀도 괜찮은 편이고요.

50세가 넘으면 운동을 하는 게 좋아요. 나도 50대 중반까지는 건강에 자신도 없었고 너무 바빠서 운동 같은 것은 생각도 못했어요. 그러다가 겨우 정상적인 건강에 자신을 찾으면서 건강을 위해서 어떤 운동을 한 가지는 해야겠다고 생각했어요.

무슨 운동을 할까 고민하다 자유로운 시간에 혼자서도 즐길 수 있는 수영을 선택했어요. 대학을 정년으로 떠난 후에는 거의 매일같이 짧은 시간이나마 수영을 했어요. 외국에 여행을 떠날 때에는 수영장이 있는 호텔을 예약했을 정도로 열심히 했습니다.

지방에서 강연 끝내고 서울로 올라오면 동료 교수들은 피곤하니까 다 집으로 가요. 나는 잠깐 수영 좀 하고 가겠다고 따로 갔어요. 다들 이해를 못하죠. 피곤한데 왜 수영을 하냐고 하죠. 그런데 20~30분 수영을 하면 피곤이 다 풀려요. 신체적 피로뿐 아니라 정신적인 피로까지도요.

50세가 넘어 시작한 수영을 평생의 운동으로 즐기다가 100세 되고부터는 체력에 부담을 느껴 주 3회에서 1회로 줄였고, 요즘은 코로나19 때문에 못하고 있어요. 좀 아쉬워요.

그런데 늙은 사람에겐 생활 자체가 운동을 동반하는 습관이어야 해요. 내 방은 2층인데, 하루에도 몇 번씩 층층대를 오르내립니다. 그것이 곧 운동이죠. 또 하루 한 시간쯤 산책을 하는 시간을 가져요. 원고 내용을 사색하기도 하고 강연 내용을 정리하기도 합니다.

전에는 아침 시간에 산책을 했으나 80세 이후에는 오후에 걸어요. 체온 관계도 있고 아침 운동은 여름이 아니면 부담스럽거든요.

나는 100세 전까지는 대중교통을 이용했어요. 버스나 지하철을 타기 위해서라도 상당히 긴 거리를 걸어야 하죠. 생활 자체가 운동인 셈이에요.

그런데 운동과 건강 관련해서 내가 꼭 하고 싶은 이야기는 따로 있어요. 운동이 건강을 위해 필요하다면, 건강은 무엇을 위해 있는가 하는 겁니다.

운동을 위한 운동은 운동선수들의 몫이죠. 건강을 위한 건강은 목적이 없어요. 나에게 건강은 일을 위해 필수적이에요. 일이 목적이고 건강은 수단인 셈입니다.

그래서 친구들과 비교하면서 누가 더 건강한가 묻는다면 대답은 간단해요. 누가 더 일을 많이 하는가 물으면 돼요. 그렇게 보면 내가 가장 건강한 편이라고 할 수 있겠죠. 누구보다도 많은 일을 하고 있으니까요.

말하자면 나에게 있어서는 일이 건강의 비결입니다.

우리가 잘 아는 철학자 칸트는 80년을 살았어요. 300년 전에 80세까지 살았다면 장수한 셈이죠. 그런데 그는 왜소하고 건강에 있어서는 열등생이었다고 해요. 산책 외에는 운동을 했다는 기록도 없어요. 그렇다면 무엇이 그의 건강을 지탱했는가? 학문에 대한 열정과 일이었다고 생각해요.

어떤 이들은 칸트를 나귀와 같이 많은 짐을 지고 살았다고 평가해요. 그러나 그는 무거운 학문의 짐을 지고 80 평생을 건강하게 보냈습니다. 일이 건강을 유지해 준 것이죠.

알베르트 슈바이처 박사도 마찬가지예요. 그는 하루에 몇 시간밖에 자지 않았는데, 정신적 일뿐 아니라 육체적인 일도 마다하지 않았어요. 90세를 넘길 때까지 손에서 일을 놓은 적이 없었습니다.

그가 프랑스에 있는 친구에게 마지막으로 보낸 편지를 보면, 아프리카에 와서 60년간 환자들을 위해 일할 수 있어 누구보다도 행복했다고 고백하고 있어요. 건강이 일을 도왔는지, 일이 건강을 도왔는지 묻고 싶은 생각을 해보게 돼요.

　100년을 살아보니 알겠더군요. 일하는 사람이 건강하고, 노는 사람이 건강하지 못합니다.

Q 22

나이 들어도 정신적으로
젊음을 유지하는 비결이 있을까요?

나이 들면 몸이 늙는 것도 서럽지만
감정이 무뎌지는 것도 슬픈 일인 거 같아요.
젊을 때는 호기심도 많고 감정도 풍부하지만
나이 들수록 가슴 뛰는 일도 줄어들고 무슨 일이든 심드렁해져요.
정신적으로 계속 젊음을 유지하는 비결이 있을까요?

나이가 들면 먼저 몸부터 늙어요. 사람들은 몸이 늙으면 정신이 따라서 늙는다고 생각합니다만, 그렇지 않아요. 노력에 따라서 정신력은 거의 늙지 않습니다. 신체가 늙는 건 어떻게 할 수 없지만, 정신적으로 늙는 건 자기 책임인 것 같아요.

정신적으로 늙지 않기 위해서는 첫째, 항상 공부를 해야 합니다. 뭐든지 배워야 해요. 일과 공부를 안 하면 몸도 마음도 빨리 늙습니다.

그렇다고 일과 공부가 꼭 직업을 말하는 건 아니에요. 공부가 따로 있나요? 독서하는 거죠. 취미 활동하는 거고요. 사실 따져보면 취미가 없는 사람은 없어요. 하고 싶었던 취미 생활을 제대로 해보라고 노후의 시간적 여유가 주어졌는지도 몰라요.

봉사도 해당돼요. 세브란스병원 같은 곳에서 봉사하는 주부들과 집에만 있는 주부들을 비교하면, 봉사하는 주부들이 더 건강하고 더 행복을 느낀다는 걸 알 수 있어요. 일본의 60대 이상 고령자들 중 노는 사람이 거의 없어요. 개인을 위해서든 사회를 위해서든 일하는 게 중요합니다.

시간적 여유가 생겼는가 싶은 50대가 되었을 때였어요. 나 자신이 항상 부끄럽게 반성하는 일이 있었어요. '한국적인 것'을 너무 모르고 살았다는 겁니다. 일찍부터 기독교 사회에서 신앙을 갖고 살았기 때문에 가장 소중한 한국적인 것을 공부할 기회도 없었고, 체험하는 환경도 되지 못했어요.

그러던 중 한국 회화를 보자는 생각이 들었어요. 우선 유명한 화가들의 전시회를 찾아다녔어요. 그러는 동안에 문인화에 마음이 끌리

기도 했고, 민화에 정이 쏠리기도 했어요.

그러다가 무엇이 계기가 되었는지 확실치 않으나 조선 시대의 도자기를 접하게 되었어요. 그중에서도 서민들이 사용하다가 남겨준 도자기들에 더욱 정감이 갔어요. 인사동, 장안평, 청계천 등지를 시간만 나면 찾아다녔죠. 상품으로서는 뒷전으로 밀려 빛을 보지 못하는 것들을 수집하기도 했어요. 20년 가까이 한국적인 것을 찾아다닌 셈이죠. 그 시간은 참 행복했어요.

나는 지금도 스스로 늙었다는 생각은 안 합니다. 인간적인 성숙엔 한계가 없는 것 같아요. 40이 되면서 일기 쓴 이유 가운데 하나죠. 그날의 일기를 쓰기 전에 작년 일기와 재작년 일기를 읽거든요. 작년 걸 읽으면서 '아, 내가 그때 그런 실수를 했지. 다신 실수하지 말아야지.' 재작년 걸 읽으면서 '아, 내가 그때 이런 좋은 생각을 했구나. 이 생각을 더 발전시켜야겠다.'고 생각하죠. 일기를 쓰면서 인간으로서 성숙하는 것 같아요.

주변에 100세까지 산 7명이 있습니다. 공통점이 있더군요.

첫째, 욕심이 없어요. 과도한 욕심이 있는 사람은 인생을 낭비하니까, 스트레스가 많으니까 오래 못 사는 것 같아요.

둘째, 남 욕을 하지 않아요. 감정 조절을 잘해 화를 안 내요. 선하고 아름다운 인간관계를 유지하는 것이 건강과 장수의 비결인 셈이죠.

또 하나, 사람은 정서적으로도 늙습니다.

80세가 넘은 어느 날, 안병욱, 김태길 교수를 같이 만났어요. 안병욱 선생이 그러대요. 젊게 사는 방법은 공부, 여행, 연애라고요. 그래서 물어봤죠.

"당신은 왜 늙었어?"

"나는 공부도 하고 여행도 했는데 연애를 못했어. 그래서 늙었지."

"부인이 무서워서 못했어?"

"저런 바보 봤나. 연애는 원래 몰래 하는 거야. 와이프 무서우면 연애를 왜 해?"

그러면 연애를 왜 못했냐고 물었더니 뭐라고 하는 줄 아세요?

"80세가 되니 상대가 없어."

안 선생이 자주 가던 카페가 있었어요. 일주일에 한 번쯤 들르던 곳이에요. 여기 여직원과 친해진 거예요.

그런데 어느 날 그 아가씨가 개인적으로 드릴 말씀이 있다고 했대요. 무슨 얘기를 하려나 잔뜩 기대를 했는데, 결혼 주례를 좀 서달라는 부탁이었대요. 그러마하고 약속을 했는데, 그때부터 커피 맛이 딱 떨어지더라는 거예요.

그 얘기를 듣고 '아, 저런 기분이 남아있으니 글도 쓰고 젊게 사는 구나.' 싶었어요. 그것까지 없어지면 늙은 거예요. 감정이 풍부해야 덜 늙을 수 있어요.

예술가들이 상대적으로 젊게 사는 이유도 정서적으로 풍부하기 때문이에요. 나이가 들었다고 포기하지 말고 문학 작품을 읽으세요. 음악을 듣거나 그림을 보는 것도 좋아요. 예술적 정서를 모르는 사람은 어딘가 비어있어요.

여기서 한 가지 주의할 점이 있습니다. 감정은 풍부하게 유지하되,

나이 들수록 감정 조절은 잘해야 해요. 자식과 싸운다거나 심지어 손주들하고 싸우는 건 감정 조절이 안 돼서 그런 거예요.

젊었을 때에는 이성과 감정이 균형을 이룹니다. 그런데 나이 들면 이성 기능이 약해지고 감정은 그대로 남아있으니까, 감정 조절을 잘하지 못하게 돼요. 아무것도 아닌 것을 가지고 화를 내고 충격을 받기도 해요.

내 선배 교수 한 사람은 비원 앞 길가에서 남녀가 서로 껴안고 있는 것을 보고 그러면 안 된다고 훈계를 했어요. 한참 걸어가다 보니까 그 남녀가 또 전과 같은 모습을 하고 있었대요. 다시 찾아가서 책망을 하다가 뇌출혈을 일으켜 병원으로 옮겨져 수술을 받았으나 옛날로 돌아가지 못하고 대학의 중책을 떠나는 일까지 있었어요.

그래서 연로한 부모들 앞에서는 좋은 얘기만 하고 걱정거리는 숨겨두는 경우가 생깁니다.

나는 노인이 상을 받으면서 감격의 눈물을 흘리면 속으로 '저 어른 오래 못 사시겠구나.' 그래요. 나쁜 건 아니지만 감정 조절이 안 된다는 표시예요.

젊었을 때는 신체적 건강이 정신적 건강을 이끌어 주나, 나이 들면 정신적 건강이 신체적 건강에 더 큰 영향을 주는 것 같아요. 그런데 신체적 건강과 정신적 건강을 합친 '인간적인 건강'도 인정하면 좋을 것 같습니다. 일을 사랑하고 위한다는 것은 인간적 과제에 속합니다. 어떤 사명감을 갖고 산다든지 긍정적인 사고와 희망을 창출하는 노력 같은 것은 인간 전체적 기능과 역할에 속한다고 보아 잘못이 아닐 것 같아요.

뚜렷한 목적을 갖고 사는 사람과 아무 목적도 없이 사는 사람이 같을 수는 없죠. 그런 배경을 인정한다면 일을 사랑하는 사람이 건강해진다는 생각도 잘못은 아닐 겁니다.

Q 23

누구나 행복을 원하지만,
행복해질 수 없는 사람도 있나요?

100명이면 100명에게 물어봐도 다 행복을 원한다고 말할 거 같아요.

그런데 누구나 원하는 행복이지만,

절대 행복해질 수 없는 사람도 있을까요?

어떤 점 때문에 그 사람들은 행복에서 멀어진 걸까요?

그 점을 조심한다면 우리가 행복에 더 가까워질 수 있지 않을까요?

일찍이 철학자 아리스토텔레스는 행복에 대해서 이렇게 말했어요.

'다른 모든 것은 원하는 사람도 있고 원하지 않는 사람도 있다. 그러나 행복은 누구나 원한다.'

맞는 말이에요. 누구나 다 행복해지고 싶어 해요. 그러나 미안한 말이지만, 아무리 행복해지고 싶어도 행복해지기 힘든 사람들이 있어요. 크게 보면 두 부류예요.

첫 번째는 정신적 가치를 모르는 사람이에요.

물질적 가치가 행복을 가져다주진 않거든요. 복권에 당첨되었다고 해서 행복해지는 사람은 없어요. 공짜로 주어진 복이 더 많은 것을 빼앗아 가기도 하고요.

돈이나 권력, 혹은 명예에서는 솔직히 행복을 찾기 힘들어요. 거기에는 만족이 없어서 그래요. 돈과 권력, 명예욕은 기본적으로 소유욕이에요. 그건 가지면 가질수록 더 목이 말라요. 가지면 가질수록 더 배가 고파요. 그래서 항상 허기진 채로 살아가야 합니다.

행복하려면 꼭 필요한 조건이 있어요. 그건 바로 '만족'입니다. 정신적 가치가 있는 사람은 만족을 알아요. 그런 사람들이 행복한 삶을 살아요. 정신적 가치를 모르는 사람이 명예나 권력, 또는 재산을 거머쥘 때도 있어요. 그런데 결국 불행해지더군요. 지금 우리 주위에도 그런 사람들이 많이 있어요.

두 번째는 이기주의자입니다.

그들은 절대로 행복할 수가 없어요. 가정과 사회에서 버림받도록 되어있어요.

그런데 여기서 한 가지 짚고 넘어가야 할 게 있어요. 아직도 우리 주변에는 이기주의와 개인주의를 혼동하는 사람들이 적지 않은데요, 그 본질적 차이는 이기적 목적의 유무에 있어요.

이기주의자는 합리적 판단을 내릴 수 없으며 객관적 가치를 수용하지 못해요. 그러나 개인주의자는 언제나 합리적 판단과 객관적 가치를 수용하죠. 이기주의자는 전체를 생각하지 못하기 때문에 폐쇄적이죠. 그러나 개인주의자는 전체와의 관계와 질서를 위하기 때문에 사회에 도움을 줍니다.

우리 사회는 오랫동안 개인주의 전통을 키우지 못했기 때문에 개인주의자는 자기중심적 사고와 이익을 추구하는 것으로 착각할 때가 있는데요, 개인주의 전통을 이어받은 사회에서는 사회적 폐해를 주는 개인은 사회적 악인으로 취급해요.

다시 본론으로 돌아갈까요. 이기주의자들이 세력을 갖거나 사회를 움직이게 되면, 우리 사회에 고통과 불행이 가중될 뿐이에요.

이기주의자들은 사랑다운 사랑을 할 자격도 없습니다. 흔히 이혼을 한 사람들은 성격의 차이 때문이라고 말하는데요, 성격은 같을 수가 없어요. 또 달라야 하는 것이 자연스러운 현상입니다. 같은 성격이라면 성장과 발전도 없고 새 것을 창출하는 행복도 사라져요. 달라서 더 귀하고 행복한 것이죠.

이기주의자는 자신만을 위해 살아요. 그래서 인격을 못 갖춰요. 인격은 인간관계에서 나오는 선한 가치입니다. 이기주의자는 그걸 갖추기가 어려워요.

그런데 인격의 크기가 결국 자기 그릇의 크기예요. 그 그릇에 행복을 담는 거예요. 이기주의자는 그릇이 작기에 담을 수 있는 행복도 작을 수밖에 없습니다.

이기주의자는 자신만을 위해 살아요.

그래서 인격을 못 갖춰요.

인격은 인간관계에서 나오는 선한 가치입니다.

이기주의자는 그걸 갖추기가 어려워요.

그런데 인격의 크기가 결국 자기 그릇의 크기예요.

그 그릇에 행복을 담는 거예요.

이기주의자는 그릇이 작기에

담을 수 있는 행복도 작을 수밖에 없습니다.

운명이란 게 정말 있을까요?

운명이란 게 있을까요?

인간이 아무리 노력해도 벗어날 수 없는 운명 같은 거요.

아니면, 개인의 노력 여하에 따라

주어진 조건을 어느 정도는 극복할 수 있는 걸까요?

살다 보면 내 의지로는 어쩔 수 없는 불가항력을 느낄 때가 있어요.

그런 게 운명일까요?

교수님은 운명론에 대해 어떻게 생각하시는지 궁금해요.

철학적으로 봤을 때, 운명에 대한 문제는 왜 나올까요? 시간은 한없이 긴데, 내가 사는 건 길어야 100년이거든요. 긴 역사 속에서 내가 사는 건 한 부분일 뿐이에요.

결국 인간은 시간 공간의 여건 속에 지극히 제한된 존재로 있다는 걸 부인할 수 없어요. 그걸 모르고 사는 동물들은 괜찮은데, 인간은 그걸 아니까 문제예요. 그러니까 운명이라고 하는 것을 느끼는 거 같아요.

예를 들어, 21세기에 런던에서 태어난 사람과 17세기에 아프리카에서 태어난 사람의 삶의 궤적은 인간 개인의 의지로는 어쩔 수가 없거든요. 고대 그리스 사람들은 인간도 자연의 한 부분으로 봤어요. 따라서 인간의 운명은 우리가 어떻게 할 수 없다고 생각했죠. 유명한 작품 중에 소포클레스의 『오이디푸스』가 있는데, 그 내용을 좀 소개해도 괜찮을 거예요.

테베의 왕 라이오스가 점을 치니까 이런 예언이 나왔어요.

'당신의 아들로 태어나는 사람은 아버지를 죽이고 어머니와 같이 사는 운명을 가지게 될 것이다.'

왕이 그런 아들을 낳아서는 안 되겠다 싶어서 갓 태어난 아이를 멀리 깊은 산속에 내다 버려요. 목동이 지나가다가 이 아이를 보고는 자식이 없어 안타까워하는 코린토스의 왕에게 데려다줘요. 그렇게 해서 오이디푸스는 왕의 아들로 자라게 돼요.

성인이 된 오이디푸스는 어느 날 점을 치러 갔다가 자신이 아버지를 죽이고 어머니와 결혼하게 될 것이라는 얘길 들어요. 그때까지 키

위준 아버지가 친아버지인 줄 알고 있던 오이디푸스는 코린토스를 떠납니다. 가혹한 운명을 피하기 위해서였죠.

그리고는 자신이 태어난 테베에 가서 왕위에 오르게 됩니다. 그리고 어머니인 줄도 모르고 과부인 왕비를 아내로 삼아 자식까지 낳아요.

그런데 나라에 원인 모를 전염병이 돌아요. 오이디푸스가 다시 점을 치러 가니까, 라이오스 왕의 죽음의 진실을 밝혀야만 역병이 그칠 것이라는 얘길 해요.

알고 보니 오래전 자신이 코린토스를 떠나 테베로 오던 길목에서 죽였던 일행 중에 라이오스가 있었다는 사실을 듣게 돼요.

엄청난 충격과 고통 속에서 오이디푸스는 울부짖죠.

"이게 내게 주어진 운명이구나."

그리고 스스로 두 눈을 뽑아버리고는 길을 떠나요.

사막에서 오이디푸스가 기도해요.

'나같이 더러운 인간을 사람의 손으로 묻게 하지 말고 모래 폭풍이 묻게 해주소서.'

지혜로운 그리스 사람들이 이 드라마를 보고 다들 감동했어요. 어떻게 보면 운명은 어쩔 수 없는 거잖아요.

그런데 자꾸 철학이 발달하고 이성적이 되니까 셰익스피어가 나와서 '운명은 성격'이라고 본 거거든요. 사람은 태어날 때 타고난 성격을 바꾸지 못하고 그 성격의 울타리 안에서 살다 끝나는 거라고 봤어요.

셰익스피어의 4대 비극을 보면 다 성격 때문에 무너지거든요. 리어

왕도 그렇고 햄릿도 그래요. 셰익스피어를 읽게 되면 사람의 성격은 어떻게 할 수 없구나, 그걸 느끼게 돼요.

어린애들은 다 자기 생긴 대로 태어나거든요. 키 크고 작은 거 어떻게 할 수 없거든요. 사고력이 좋은 사람하고 예술성이 뛰어난 사람하고 어떻게 할 수 없거든요. 가만 보면 우리 성격, 체력도 타고나는 거니까 어떻게 할 수가 없어요. 한계가 있으니까 어떻게 하질 못해요. 그래서 어려움을 느끼거든요.

그럼 이걸 어떻게 극복하느냐? 누구나 운명을 가지고 있는데 절대적인 변화는 가져올 수 없지만 어느 한계까지는 바꿀 수 있지 않겠느냐? 그래서 미국에서 동기 부여 이론이 많이 나오기도 했어요.

그런데 내가 살아보니까 동기보다 더 중요한 게 있는 거 같아요. 바로 목적이에요.

사람이 어떤 목적이 있으면 더 큰 일을 할 수 있어요. 그 목적이 운명의 한계를 어느 정도는 극복할 수 있게 하는 것 같아요.

내가 초등학교 때 아버지가 나를 연설 대회에 내보냈어요. 내용은 다 외우고 있었는데 청중 수백 명 앞에 섰더니 그만 주눅이 들었어요. 결국 연설도 못하고 울먹이다가 내려왔어요. 그다음부터는 아버지가 절대 연설 대회에 내보내지 않았어요. 중학생이 되어 다른 사람이 강연을 하는 모습을 보면 그저 부럽기만 했어요. 내가 마이크를 잡고 말을 하는 기회가 올 줄은 몰랐어요. 그런데 지금은 1년에 200회 가까이 강연을 하는 사람이 되었어요.

되돌아보면, 나도 운명의 테두리 안에서 살았고 그걸 벗어나려고 나름대로는 노력했던 것 같아요. 그런데 100년 넘게 살아보니, 나의 삶을 이끈 것은 신의 섭리였다는 생각이 들어요

해방이 되고 2년 후 나는 조국의 반인 북한을 떠나 38선을 넘어야 하는 현실을 느끼기 시작했어요. 공산 사회에서는 더 이상 살 수가 없었기 때문입니다.

태어난 지 열 달밖에 안 된 큰아들을 아내가 업고 남쪽으로 가는 길은 멀고도 험했습니다. 황해도 해주 쪽에서 약속한 배를 타려고 기다리고 있을 때, 불심 검문에 걸려 파출소로 가게 됐어요. 계장이 조서를 꾸미기 위해 책상 앞에 앉아서 심문을 시작하려고 하는데, 전화벨이 크게 울렸습니다. 전화기 너머 통화 내용이 나한테까지 들렸어요.

"지금 평양에서 연락이 왔는데, 이제부터 잡혀 오는 놈들은 무조건 떠난 곳으로 되돌려 보내라는 지시가 내려왔습니다."

계장은 전화를 끊고 나한테 어디까지 가느냐고 물었고, 나는 "장연까지 간다."고 둘러댔어요. 그는 아랫사람을 불러 "이분들을 데리고 버스 정류장까지 가서 장연으로 가는 버스를 타는 것을 확인하고 오라."고 지시했습니다.

정류장에서 나는 따라온 사람에게 "표를 사고 기다려야할 텐데, 안심하고 돌아가라."고 권했어요. 그 사람은 꼭 그렇게 하라며 순순히 떠나갔습니다.

그렇게 해서 나는 남쪽으로 무사히 올 수 있었어요.

쇼펜하우어는 "젊었을 때는 모두가 자유를 외치다가도 늙으면 모든 것이 운명이었다고 인정하게 된다."고 말했어요. 지혜로운 사람들은

운명론자가 된다는 뜻이지요. 철학자는 결국엔 두 부류예요. 운명론자 아니면 허무주의자예요.

그런데 내 삶을 돌아봤을 때, 내가 모르는 어떤 힘이 나를 이끌었다는 생각을 하게 돼요. 그래서 나는 운명도 허무도 아닌 섭리를 받아들였어요. 섭리란 내가 모르는 제3자가 나를 이끄는 것을 느끼는 거예요. 지금도 나의 선택과 결정이 내 자유로운 것이기보다는 어떤 섭리의 길이었다는 생각을 합니다.

기독교는 어떤 종교인가요?

종교를 떠나 인류 사회를 이끌어 온 기독교에 대한 관심이 많아요.

목사님이나 신부님이 아닌

철학자가 말하는 기독교는 어떤 것인지 궁금해요.

기독교는 어떤 종교이고, 기독교를 믿는다는 것은 무슨 뜻일까요?

일요일마다 교회 나가고 십일조를 하면 크리스천인가요?

참된 신앙이란 어떤 걸까요?

기독교는 어떤 종교인가? 그렇게 물으면 교회 다니는 사람들은 별 생각 안 하고 그냥 자기가 믿는 걸로만 알아요. 또 교회 밖의 사람은 그게 기독교 문제이지 자기하고는 상관없다고 해요.

그런데 기독교와 현대인은 사실 끊을 수 없는 관계에 있어요. 그래서 기독교가 어떤 종교인가에 대해서 얘기를 해보고 싶어요.

우선 얘기하고 싶은 건 나는 종교는 선택이기 때문에 절대로 강요하거나 요청할 건 아니라고 봐요. 네가 선택하려면 하고, 말려면 말라고 해요. 그런데 적어도 한국에 살면 유교가 어떤 교훈을 가지고 있는지, 불교가 어떤 전통의 종교인지, 또 기독교가 사회와 어떤 관계를 가지고 있는지에 대해서는 관심을 가졌으면 좋겠어요.

우리가 하느님이라고도 하고 하나님이라고도 하잖아요? 다 마찬가지인데, 개신교와 가톨릭의 성서학자들이 공동 번역을 하면서 하나님이 옳냐 하느님이 옳냐로 토론을 했어요. 결론이 뭔고 하니, 우리 전통으로 보면 하느님이 옳다는 거예요. 그런데 개신교는 하나뿐인 유일신을 강조하니까 하나님이라고 하죠. 그래서 나도 교회에서 얘기할 때는 하나님이라고 하고, 책을 쓸 때는 하느님이라고 해요.

서양 사람들이 종교를 볼 때 범신론과 이신론(理神論)이 있어요. 기독교는 유신론이지요. 범신론은 모든 것은 신과 통한다고 봐요. 죽은 사람에 대해 평가할 때도 신과 통한다고 봐요. 파리에 유명한 관광지로 판테온이 있어요. 프랑스를 위해서 공헌한 사람들이 죽으면 그 판테온에 묻어줘요. 나폴레옹도 "살아서는 프랑스를 위해서 일하고 죽어서는 판테온에 묻히는 게 소원"이라고 했어요. 그러니까 판테온에 무덤을 가진 사람들은 다 신이라는 거예요. 판테온의 테온이 신이라는 뜻이거든요. 이게 범신론이죠.

이신론의 이(理)는 논리, 이치라는 뜻이에요. 신이 존재하기는 존재하는데, 사회나 자연의 질서를 만들어서 법칙을 우리에게 줬기 때문에, 그 법칙대로 살면 된다는 거예요. 신에게 기도하면 "선하게 살면 복 받는다고 얘기했으니까 나한테 기도할 필요가 없다."라고 한다고 보는 거예요. 우리 애가 아픈 데 고쳐달라고 하면 "의사한테 가라."고 해요. 이신론을 누가 믿느냐? 과학자들이 믿어요.

그런데 기독교가 말하는 유신론은 인격신을 말해요. 신과 인간 사이에 대화도 있고 접촉도 있어요. 바울이 제일 많이 얘기하는 게, 하느님과 인간과의 관계를 맺어가는 것이 기독교라는 거예요.

그 시작은 구약의 아브라함 때부터예요. 아브라함 이전의 노아의 홍수나 에덴동산 같은 건 다 신화예요. 아브라함부터 인격신과 인간의 관계가 시작되는 겁니다. 그런데 아브라함부터 이삭, 야곱, 요셉 때까지는 하느님과 나의 관계, 하느님과 우리 가정의 관계예요. 그러다가 씨족이 점점 커져 민족이 되니까 그때는 민족 신앙이 돼요. 그 민족 신앙의 대표가 누구냐면 모세예요. 거기에서 율법이 생기고 법이 생기죠. 그러면서 하느님과 나의 관계가 직접 관계, 개인 관계에서 계명과 율법을 통한 사회관계가 됩니다.

구약에 하느님께서 우리에게 메시아를 보내준다는 예언이 계속 있다가 400년 동안 암흑기가 있었어요. 그러다가 예수가 오셨죠.

누구나 죽지만 목적이 있어서 죽는 사람은 없어요. 그런데 예수는 세 번씩이나 "나는 목적이 있어서 왔고, 목적이 있어서 죽는다."고 하셨어요. 그리고 많은 시련을 겪다가 십자가에서 세상을 떠나셨어요. 누가 보든지 그걸로 끝난 거죠. 그런데 예수가 죽고 난 다음에 대단치 않던 그 제자들이 나타나서 예수가 다시 사셨다고 해요. 우리 영혼을 이끌어 주시는 예수님이 있으니, 하느님의 성령이 우리와 더불어 같이 있어서 우리를 이끌어 주신다고 해요. 그 제자들을 통해서 주는 가르침, 성경을 통해서 나오는 교훈을 통해서 세계가 바뀌었어요. 그러니까 역사를 바꿔놓은 거죠. 예수가 우리에게 남겨준 기록이 사복음에 나타나 있는데, 그 이상의 교훈은 세계 역사 어디에도 없어요. 그걸 믿고서 그대로 살면, 내가 어떤 변화를 느끼고 내 인생의 새로운 출발이 오니까 내가 다시 태어나게 되거든요. 변화가 오는 거예요. 그 역사적인 사실이 지금까지 이어진 것이죠.

결국 기독교인의 자격이 뭐냐고 물어본다면, 내가 지금까지 가져온 인생관, 가치관을 예수님이 가르쳐 준 마음으로 바꿀 수 있으면 기독교인이 되는 거고, 그냥 가지고 살면 끝까지 가도 기독교인은 될 수 없다고 말할 수 있어요.

그러니까 불교도가 된다는 게 뭐냐, 석가의 교훈이 내 인생관이 되고 내 가치관이 되면 불교도가 되는 거고, 석가의 교훈은 절에서 가르치는 거고 나는 내 생활을 한다면 불교도가 아니라는 거예요.

그러면 기독교의 가치관이라는 게 뭐냐? 절대로 이기주의자가 되지 말라는 거예요. 기독교의 첫째 조건이 뭐고 하니 마음의 문을 열고 살라는 거예요. 누구나 받아들이고, 누구나 함께 살라는 거예요.

하느님께서 인간을 세상에 내보낼 때 사고하는 힘을 줬고 그다음에 양심을 줬고, 자유를 줬어요. 그러니까 비양심적이거나 비이성적인 것을 신앙으로 받아들이지 말라는 거예요.

마지막은 내 이웃을 내 몸과 같이 사랑하라는 교훈이에요. 그래서 사랑이 있는, 인간애가 가득한 세상을 만들라는 거죠.

기성 종교가 빠져있는 잘못은 교리 때문에 진리를 놓치고 있다는 거예요. 연세대 교훈인 '진리가 너희를 자유케 하리라.'에 담긴 예수님의 뜻이 무엇일까요? 구약을 믿는 유대 사람들이 계명과 율법에 구속돼 자유가 없다고 보신 예수님은 진리를 줄 테니 나를 따라오라고 하셨어요. 나는 교회를 위한 교회는 안 된다고 늘 얘기해요. 그런 걸 교회주의라고도 합니다. 그리스도 정신으로 사회와 역사에 희망을 주는 것이 기독교예요. 교회가 커지면 교회주의에 빠지고 교회가 목적이 돼요. 절대 안 되는 일이죠.

만약 예수께서 1억 원을 주면서 예수를 위해 써달라고 하시면 어떻게 해야 할까요? 나에게 그런 일이 생긴다면, 아마 처음에는 거절하지 싶어요.

"저는 그 귀한 돈을 쓸 수가 없습니다. 그러니 다른 사람에게 맡기십시오."

그래도 맡기신다면, 여러 가지 생각을 할 것 같아요. 하지만 예배당 짓는 데는 그 돈을 쓰지 않을 거예요. 왜냐하면 돈이 없어 치료를 못 받는 아이들이 있잖아요? 먼저 거기로 갈 거예요. 다음에는 돈이 없어 굶주리는 사람들이 있잖아요? 거기로 갈 겁니다. 그래도 돈이 남는

다면 교회에 헌금하겠죠.

사람들이 십일조에 대해서 물을 때 나는 이렇게 말해요.

"구속 받지 마세요. 내가 받은 돈의 10분의 1을 이웃을 위해 쓰는 게 중요합니다."

이런 생각을 비판하는 사람들이 있어요. 나를 '무교회주의자'라고도 하더군요. 그런데 내가 십일조를 반대하는 게 아니에요. 다만 예수님의 뜻은 더 높은 데 있고, 나는 그걸 분명히 할 뿐이죠. 그래서 나는 교회에 처음 나가려는 사람이 있으면 어느 동네에 사는지부터 물어봐요. 집 근처에 어떤 교회가 있는지 물어보고, 교회가 없으면 가톨릭 성당에 나가도 괜찮다고 말해요. 가급적 큰 교회보다는 중견 교회가 좋고요, 교인 수가 1000명 정도 되는 교회가 좋아요. 그래야 목사님 지도도 받을 수 있거든요. 너무 보수적인 교회는 권하지 않아요.

기독교는 역사와 사회를 책임지는 역할을 해야 합니다. 예수님은 단 한 번도 교회를 걱정하거나 좋은 교회를 만들어야 한다는 말씀을 하지 않으셨어요.

종교의 교리를 통해 인간은 자유로워질 수 없어요. 교회를 통해서도 마찬가지예요. 인간이 자유로워지는 건 진리와 하느님 나라를 통해서입니다. 만약 그게 없다면 기독교가 아니에요.

기도는 어떻게 하는 건가요?

간절히 바라는 바가 있을 때 마음속으로 기도를 올리게 됩니다.

그런데, 기도를 어떻게 해야 하는지 잘 모르겠어요.

내가 바라는 마음속 욕망을 그대로 신께 갈구하는 게 맞는 걸까요?

그런 이기적 기도도 신께서 들어주실까요?

올바른 기도 방법에 대해 알고 싶어요.

좀 민감한 문제이긴 한데, 기독교에서 얘기하기로 성부 성자 성령이 있어요. 이 중 성령의 존재 여부는 교회 안에서도 논란이에요.

내가 미국에 처음 갔을 때 시카고의 현지 교회를 갔어요. 거기서 성경 공부를 하는데, 성령이 있는가 하는 문제가 나왔어요. 의견이 분분한데, 나보고 손님으로 오셨으니까 의견을 한번 말해보라고 해요. 그래서 이런 얘기를 쭉 했어요.

"내가 크리스천이 되기 전에는 성령 같은 거에 관심이 없었습니다. 그런데, 크리스천이 되고 쭉 살아보니까 이런 걸 느꼈어요. 한마디로 말하면 자연의 법칙이 있어서 인간이 살 수 있는 것인데, 우리 정신세계에는 그런 법칙은 없는 것 같습니다. 대신 거기에는 법칙 대신 질서가 있는 것 같아요. 선한 질서를 어기고서 인정받는 일도 없고, 거짓말하고서 다른 사람의 존경을 받는 법도 없는 것 같아요.

그런데 인간이 자신의 한계를 느껴서 '내 힘으로는 어떻게 할 수가 없습니다.' 할 때가 있어요. 내가 나를 완성시킬 수 없고, 역사가 역사를 완성시킬 수 없다고 봤을 때에는 누군가가 나를 이끌어 줘야 가능하겠다고 느끼게 됩니다. 그리고 그것이 이루어졌을 때, 은총의 질서라는 걸 느끼게 돼요. 인간의 생각으로 했을 때는 안 됐는데, 예수님 말씀대로 했더니 달라지는 것을 몇 번 체험하면서 나는 은총의 질서를 믿게 되었습니다."

그 은총의 질서라고 하는 것이 성령이라고 할 수 있겠지요. 그런데 은총의 질서라고 하는 건 '나 아픈 거 낫게 해주세요.' '사업에 성공하게 해 주세요.' 하는 건 아니에요. '우리 이웃들이 잘 살게 해주세요.'

'내가 건강한 동안은 주님의 일을 할 수 있도록 해주세요.' 이런 겁니다. 목적이 내게 있는 게 아니고 예수님의 뜻이 이루어지는 데 있어요. 그런 목적을 가지고 살았을 때 받는 게 은총이지요.

내가 고백을 좀 할게요. 사실 내가 굉장히 허약했어요. 몸이 너무 약해서 다들 내가 오래 살 줄 몰랐어요. 워낙 몸이 약하니 의사도 "얘는 중학교 가지 않는 게 좋겠다."고 할 정도였어요.

우리 어머니가 내가 열네 살 되는 정월 초하룻날 꿈을 꿨는데, 내가 두 팔로 무릎을 끌어안고 있다가 하늘로 쑥 올라가 버리고 말더래요. 깜짝 놀라서 할머니한테 말했더니 "장손이가 금년엔 죽으려는가 보다. 할 수 없지. 어떡하겠냐."고 하더래요.

나는 중학교도 못 가고 내 인생이 끝날 것 같으니까 간절히 마음 속으로 빌었어요. 마음의 기도죠.

'하느님께서 나도 다른 사람들처럼 50, 60세까지 살게끔 건강을 주시면, 내가 건강한 동안에는 나를 위해서 살지 않고 주님의 일을 위해서 살겠습니다.'

그렇게 해서 내가 그해에 크리스천이 됐어요. 그해 말에 크리스마스가 됐는데, 숭실전문학교에서 학생들을 위한 신앙 강의가 열렸어요. 쫓겨나도 할 수 없다는 생각으로 거길 갔어요. 가서 목사님 설교를 쭉 들었는데, 그때 내 마음속에 큰 변화가 일어났어요.

'이제 하느님께서 나와 함께 하신다. 나는 이제 새 출발한다. 이제 나는 하느님을 떠나서 살 수 없고, 하느님이 영원히 나와 함께 살 것이다.' 그런 걸 느꼈어요.

그다음부터는 무슨 일이 생기면 주님은 어떻게 했을까, 생각하고 기도하게 됐습니다.

기독교에서 말하는 신은 인격적인 신이에요. 인간을 초월해 있으면서도 인간과 관계를 맺을 수 있는 분이에요. 기도는 하느님과 인간 사이의 관계를 맺어주는 거라고 할 수 있어요.

그런데 하느님과 우리 사이는 아버지와 아들과 같은 사이예요. 하느님을 아버지로 믿으면서, 하느님의 뜻이 나와 우리 인간 사회에서 이루어질 수 있도록 원하는 것이 기도이지요. 거기에 대해서 우리가 하느님 아버지께 아뢰고 하느님 아버지께서 우리에게 무엇인가를 보답해주는 그 관계가 기도예요.

기도는 유일신을 믿는 종교에만 있어요. 다른 종교에는 없어요. 인간은 영적인 것을 추구하며 사니까 자꾸 그걸 기도로 바꾸게 되는 거예요.

사실 기도는 누구나 드릴 수 있는 거라고 생각하는데, 그건 아니에요. 김태길 교수가 나중에 신앙을 받아들이고 이런 고백을 한 적이 있어요.

"내가 철학자로 살 때는 기도드릴 수 없었고, 또 원하지도 않았습니다. 그런데 언젠지 모르게 기도를 드리게 됐어요. 그러고 보니까 알게 된 게 한 가지 있어요. 기도드릴 수 있는 사람은 신앙이 있는 거고, 신앙이 없으면 기도를 드릴 수 없다는 거예요. 그런데 진짜 기도를 드릴 수 있는 사람은 많지가 않아요. 대부분 자기 복을 구하는 기도만 올려요. 나도 기도를 드리면 자꾸 나를 위한 기도를 하게 돼요. 그 기도가 날 위한 기도가 아니고 다른 사람을 위한, 나라를 위한, 사회를 위한 기도가 될 때 아마 하느님께서 내 기도를 들어주실 거예요."

사람이 답답하면 하소연할 수 있어요. 어렸을 때 교회에 갔더니 여자 집사님이 눈물을 흘리면서 기도를 하는데, 나도 저렇게 열정적으로 기도를 드렸으면 좋겠다는 생각이 들었어요.

옆에 가서 들어보니까 "집안이 이렇게 어려운데 억울합니다." 하고 분풀이하고 있었어요. 그때 생각에도 그건 기도가 아니었어요. 그러면 참된 기도는 어떤 거냐? 그럴 때 떠오르는 게 주님의 기도예요.

하늘에 계신 우리 아버지,

아버지의 이름을 거룩하게 하시며

아버지의 나라가 오게 하시며,

아버지의 뜻이 하늘에서와 같이 땅에서도 이루어지게 하소서.

오늘 우리에게 일용할 양식을 주시고,

우리가 우리에게 잘못한 사람을 용서하여 준 것같이

우리 죄를 용서하여 주시고,

우리를 시험에 빠지지 않게 하시고, 악에서 구하소서.

나라와 권능과 영광이 영원히 아버지의 것입니다. 아멘.

케벨이라고 하는 철학자가 제자들에게 "나는 인간적인 기도는 자꾸 없어지고, 요새는 주님께서 가르쳐 주신 기도만 드린다."고 했어요. 제자들이 "그 기도는 너무 짧지 않습니까?" 했더니 "두 번째 기도인

'아버지의 나라가 오게 하시며' 이거 하나만도 내가 감당을 못한다."
고 했어요.

　나도 신앙인으로서 기도를 드리는데, 고백하자면 기도를 할수록
내 뜻을 나타내는 것 같은 생각이 들어요. 그래서 구약에서 기도다운
기도를 드린 사람이 누군가 찾아봤어요.

　시편 23편에 나오는 다윗왕의 기도가 제일 좋은 기도라는 생각
이 들어요.

　여호와는 나의 목자시니 내게 부족함이 없으리로다.

　그가 나를 푸른 풀밭에 누이시며 쉴 만한 물가로 인도하시는도다.

　내 영혼을 소생시키시고 자기 이름을 위하여 의의 길로 인도하시는도다.

　내가 사망의 음침한 골짜기로 다닐지라도 해를 두려워하지 않을 것은
주께서 나와 함께 하심이라. 주의 지팡이와 막대기가 나를 안위하시나이다.

　주께서 내 원수의 목전에서 내게 상을 차려주시고 기름을 내 머리에 부
으셨으니 내 잔이 넘치나이다.

　내 평생에 선하심과 인자하심이 반드시 나를 따르리니 내가 여호와의 집
에 영원히 살리로다.

　그래서 요새는 자기 전에 다윗의 기도를 먼저 드린 다음에 주님
의 기도를 드리고, 끝에 가서 이 뜻이 이뤄지기 위해 내가 드리고 싶은
기도 있으면 드립니다. 그래도 인간이기 때문에 좀 답답하고 힘들 때는
"하느님 제가 실수하지 않게 도와주세요."라고 기도드리죠.

어떤 사람들은 예수님이 40일 동안 금식을 했으니까 나도 금식 기도한다고 하는데, 그건 형식에 얽매이는 거예요. 내가 중학교 다닐 때도 교회 열심히 다니는 애들은 금식 기도를 했어요. 참 부끄러운 얘기지만 나는 배고파서 금식 기도 못했거든요. 먹을 거 다 먹고, 잘 거 다 자고, 내 인격이 내 감정이 다 조용해졌을 때 하느님 앞에 드리는 기도가 내 기도예요.

예수님도 많은 말로 기도드리게 되면 실수하니까, 될 수 있는 대로 짧게 기도드리라고 했어요. 또 골방에 들어가서 조용히 하느님과의 관계를 가지라고도 했고요.

그런데 나도 기도해 보면 자꾸 이기적인 기도를 하게 되거든요. 예수님이 "원수를 미워하면서 기도드리면 그게 기도가 되겠느냐. 가서 인간관계부터 아름답게 하고 마음을 준비한 뒤에 기도해라."고 하셨어요.

신앙이 높을수록 기도다운 기도를 드리고, 신앙이 낮을수록 인간적인 욕망을 채우기 위해서 기도드리게 돼요. 그러면 신앙이 높아진다는 건 무얼 말하느냐? 예수님의 말씀이 내 인생관이 되고, 내 인생의 목적이 예수님과 같은 인생의 목적이 되는 게 참신앙이에요.

예를 들어 "나 성공하게 해주십시오." 하는 기도보다는 "내가 최선의 노력을 다하게 해주십시오. 그리고 내가 하는 최선의 노력이 주님의 뜻과 맞으면 이루어 주십시오." 하는 기도는 하느님도 거절할 수가 없어요.

생각해 보면 "항상 기도하라."는 것은 "항상 기도하는 마음으로 살라."는 뜻일 거예요. 블레 바스카라는 신학자가 "인생의 고아가 되지 않은 사람은 기도드리는 사람이고, 인생의 고아는 기도드릴 수 없는 사람"이라고 했어요.

아버지의 사랑을 받아보지 못한 사람은 그 사랑이 어떤 건지 얘기해 줘도 모릅니다. 아버지의 사랑을 듬뿍 받아본 사람은 아버지를 사랑하게 돼요. 기도를 못하는 사람은 아버지의 사랑을 잃어버려 고아처럼 사는 것이죠.

신앙이 높을수록 기도다운 기도를 드리고,
신앙이 낮을수록
인간적인 욕망을 채우기 위해서
기도드리게 돼요.
그러면 신앙이 높아진다는 건 무얼 말하느냐?
예수님의 말씀이 내 인생관이 되고,
내 인생의 목적이 예수님과 같은
인생의 목적이 되는 게 참신앙이에요.

종교 없는 사회는 가능할까요?

과학이 발달하면서 종교의 역할에 대한 회의가 많습니다.
실제로 세계 곳곳 교회 신자 수가
점점 줄고 있다고 해요.
종교가 평화를 가져오기보다
오히려 분쟁을 부르는 요인이 되기도 하고요.
미래에는 종교가 필요 없는 사회가 올까요?

실증주의의 창시자 프랑스의 오귀스트 콩트가 한 말이에요.

"먼 옛날에는 종교 사상을 가지고 사람들이 살았고, 그다음엔 철학과 인문학의 시대가 됐는데, 앞으로는 과학의 시대가 올 것이다. 과학이 커지게 되면 종교가 우리 사상사에서 배제될 것이다. 그래서 종교 없는 사회가 인류 역사상 가장 발달된 사회가 될 것이다."

그런데 인간학의 개척자로 알려진 독일의 철학자 막스 셸러는 다른 견해를 제시했습니다.

"인간은 종교적 신앙, 철학적 사유, 과학적 영역을 동시에 갖고 있으나 시대와 사회적 여건에 따라 비중의 차이가 있을 뿐이다. 과학의 시대에도 성격을 바꾼 종교는 남게 될 것이다. 종교는 여전히 필요하다."

두 철학자의 주장 중 어느 것이 맞는지 결론은 잠시 보류하고, 우리 시대에도 종교가 필요한가? 하는 생각을 함께 해보려고 합니다.

내가 인도에 두 번쯤 가봤는데, 인도 사람들은 자기네 종교에 대한 자존심이 무척 강해요. 그래서 파키스탄이나 중국보다 자기네가 잘살 거라고 굳게 믿어요. 그런데 미안한 얘기지만 내가 보기에는 인도는 종교 대신에 과학과 도덕을 택하는 편이 파키스탄이나 중국보다 앞서는 길이에요.

또 중동 지방에 가보면 종교의 노예가 됐다고 할까요? 유대인들은 구약을 믿고 이슬람 사람들은 코란경을 믿는데, 구약하고 코란경은 모든 게 비슷해요. 이는 이로 갚고, 눈은 눈으로 갚는다는 거지요. 그런 종교를 가지고 있기 때문에 중동 지방의 두 민족의 싸움은 앞으로 200년도 계속될 거예요. 그러니까 종교 국가로서는 근대 사회로 올라

올 수 없고, 이런 종교가 있는 동안은 불행한 사회가 계속될 것이다, 그런 걸 느끼는 겁니다.

1972년에 종교 사회가 희망이 있는가, 하는 문제를 알고 싶어서 유럽에 갔어요. 덴마크의 코펜하겐에 갔는데, 아주 오래된 교회에 가보니 목사님은 5명인데 예배 보는 교인은 30명도 안 돼요. 그 교회가 옛날엔 아래층 위층 500명이 가득 차던 곳인데 텅텅 비었어요.

런던에 가서 관광을 하다 일요일 저녁에 예배 보러 갔는데, 분위기가 좀 이상해요. 예배가 끝나니까 오늘 우리는 고별 예배를 봤고 예배당이 이제 문을 닫으니 다음주부터는 가까운 교회로 가서 예배 보라고 안내하데요. 사람이 안 와서 유지를 못한다고요.

로마 바티칸의 성 베드로 대성당에 갔더니 넓은 성당 안에 절반은 비어있고 앞쪽에 300명 정도가 모였는데, 내가 보기에 로마 사람들은 없고 전 세계에서 모여든 신부님, 수녀님들이에요. 이분들은 거길 오는 일이 일생에 몇 번 없으니까 미사를 드리는데, 관광객들은 여기저기 돌아다니며 사진을 찍고 그래요.

그런데 세계적으로 보면, 종교 없는 편이 있는 것보다 인류 전체를 위해서는 나아요. 과학과 도덕이 있어야 인류가 발전해요.

우리가 자연신이라고 하죠? 뱀도 섬기고 원숭이도 섬기고 인도에선 소도 믿죠. 1962년에 인도의 델리에 갔더니 소들이 왔다갔다해요. 소똥을 싸도 누가 막지 않아요. 고속버스가 가다가 소떼가 지나가면 멈췄다 가요. 10년 후에 다시 갔더니 소는 다 내쫓았어요. 이런 자연 신앙은 없어지는 것이 좋아요.

그럼 선진 사회를 이끌어 온 게 기독교인데, 기독교는 어떤가? 교회가 자꾸 줄어드는 건 기정사실이에요. 그래도 교회가 줄어든다고 해서 기독교가 없어지는 것은 아닙니다. 기독교 정신은 살기 때문에 그걸 따라가지 못하는 교회가 버림을 받는 거예요.

일반적으로 보면 교육 수준이 높은 사회일수록 기독교 정신이 살고, 교회는 죽어요. 교육 수준이 낮은 사회에 가면 교회는 커지는데, 기독교 정신은 약해져요.

그럼 기독교 정신이 뭐냐? 교리를 믿는 게 기독교 정신은 아니에요. 예수님이 오셔서 제일 싫어한 게 율법과 계명이거든요. 다른 종교와 구별되는 기독교 정신이 뭐냐 하면 첫째가 열린 마음, 열린 사회 그게 기독교예요.

로마 교황청에서 이 문제로 몇백 년 동안 고민하다가 20세기 후반에 얻은 결론이 있어요. 교회가 사회를 위해 있지, 사회가 교회를 위해 있는 것이 아니라는 거예요.

우리나라에서도 김수환 추기경이 여기에 동참해 "지금까지는 사회가 교회를 섬겼는데, 앞으로는 교회가 사회를 섬기겠다."고 선언했어요.

기독교 정신의 두 번째는 진실한 사회, 거짓은 있을 수 없는 정직한 사회, 그다음이 정의로운 사회, 그리고 자유예요.

그중에서도 자유가 없으면 안 돼요. 기독교의 제일 큰 힘은 인간의 자유를 존중하는 거예요. 그래서 기독교가 제일 강조하는 것이 자유와 사랑, 인간애예요. 그 정신을 기독교가 살릴 수 있으면 교회도 살고, 교회가 그걸 감당하지 못하게 되면 기독교도 사회에서 버림받아요.

그런데 교회가 버림받는다고 해서 자유가 버림받는 것은 아니고, 인간애가 버림받는 것도 아니에요. 종교가 없어지는 것 같아도 석가님이 우리에게 가르쳐 준, 인간과 모든 생명체에 자비로운 마음을 가지고 대해야 한다는 정신은 없어질 수가 없거든요. 그리고 예수께서 와서 가르쳐 준 개인에게는 자유, 사회에는 사랑 그것이 없어지면 인류가 존재할 수 없거든요. 그렇게 보면 종교는 영원한 것이라고 볼 수 있어요.

일본의 한 철학 교수가 제2차 세계대전이 끝난 다음에 유럽에 가서 철학자들한테 물었어요.

"이렇게 비참하게 유럽이 깨졌는데 그래도 희망이 있다고 보느냐?"

그 사람들 대답이 뭔고 하니, 인간이 인간을 구원하지는 못한다. 개인도 스스로를 구원하지 못한다. 역사도 마찬가지다. 그러니까 위에서부터의 큰 힘을 믿어야 한다. 인간이 인간 스스로 비극을 해결할 수 없다는 거예요.

사람이 동물하고 뭐가 다르냐면, 동물은 본능적인 욕망으로 끝나요. 하지만 인간은 태어날 때부터 나 자신을 완성시키고 나를 초월하려는 희망을 갖고 있어요. 그걸 종교라고 보면 개인은 종교심을 다 가지고 있죠.

종교의 영역이 좁아졌다고 해서 종교적 신앙이 사라진 것도 아니고, 인간적 실존의 근거로서의 종교적 기대가 근절될 수도 없다고 봐요.

결론적으로 얘기하면, 종교 없는 사회는 안 오고, 종교다운 종교를 가지는 사회가 희망이 있겠다는 말씀을 드리고 싶습니다.

종교는 왜 필요한가요?

우주의 비밀을 밝히고 생명의 신비를 풀겠다고 덤비지만,

정작 삶의 고통 앞에서는

속수무책인 것이 인간이기도 합니다.

이런 나약한 인간에게 신은 어떤 의미일까요?

인간이 종교에 매달리는 근본적인 이유는 무엇일까요?

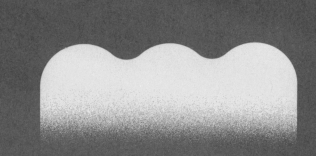

무엇을 위해서 어떻게 살 것인가? 이것이 사람에게 제일 중요한 문제라고 봅니다. 철학과 종교는 모두 이걸 다루죠.

안병욱 선생과 '인간이 인간답게 살기 위해 제일 소중한 게 무엇인가?'에 대해 이야기를 나눈 적이 있어요. 우리가 내린 결론은 '성실하게 사는 것'이에요. 성실을 잃어버리면 인간이 안 되니까요. 그런데 성실한 마음으로만 살면 철학이 돼요. 거기서 신앙은 나오지 않아요.

신앙을 가지려면 성실성에 경건성이 더해져야 해요.

산속에 호수가 있어요. 바람이 불 때는 호수에 파도가 쳐서 그림자가 비치지 않아요. 달 그림자, 별 그림자가 없어요. 그런데 호수가 조용해지면 그림자가 보여요. 달 그림자가 생기고 별 그림자가 생겨요. 인간도 호수와 같아요. 자기 자신을 믿을 때는 달 그림자가 비치지 않아요. 자기 한계를 깨달을 때 비로소 성실이 경건으로 바뀌어요. 그때 신앙이 생겨요.

왜 그럴까요? 내 인생의 짐은 내가 해결할 수 없기 때문이에요.

서울대 박종홍 교수는 학자답게 성실히 노력한 분이었어요. 그분이 말년에 암으로 고통을 치러야 했어요. 가족들과 제자들이 조심스럽게 신앙으로 돌아오면 좋겠다는 권고를 했어요.

박 선생은 대학에서 강의할 때는 기독교와 종교를 반대하지는 않았으나 철학도는 신앙을 갖는 것이 아니라고 믿고 있었어요. 죽을 때까지 진리를 탐구하는 것이 철학자의 사명이기 때문이죠. 성실하게 탐구하는 지성인이 되기를 바랐어요.

그러다가 신앙적 권고를 받았을 때는 "너무 늦지 않았을까?"라면서 마음의 문을 열었어요. 그렇게 해서 새문안교회 강신명 목사의 도움을 받아 신앙에 입문했어요. 교회에 나갈 기회는 갖지 못했어요. 병세가 심했으니까요.

세상을 떠난 후에는 새문안교회에서 영결 예배를 갖게 되었어요. 그 소식이 언론을 통해 알려지면서 제자들 모두가 경이로운 마음을 가졌습니다. 그분이 신앙인이 되었다는 사실이 믿기지 않았기 때문이에요. 장례식이 치러진 새문안교회는 교인들보다는 사회인으로 초만원이 되었고요.

내가 대학 연구실에 있는데 옆방을 사용하던 배종호 교수가 들어왔어요.

"김 선생, 아침 신문을 보셨어요? 박종홍 교수 장례식이 새문안교회에서 있다는 소식이데요. 그분이 언제 크리스천이 되었어요?"

내가 아는 대로 얘기해 주었더니 "아아, 그렇게 되었구나. 처음 듣는 얘긴데요. 하기야 그렇지, 갈 곳이 없었으니까……."라면서 돌아서 나갔어요.

돈과 권세를 추구하는 것이 삶의 전부인 사람은 신이나 종교에 대한 관심이 일어나지 않아요. 인생의 의미와 사상적 가치를 추구하는 지성인이라면 '영원한 것'에 대한 기대와 갈망을 포기할 수 없어요. 그것이 우리의 인생의 과제이기 때문입니다. 결국 종교는 정신과 영혼의 문제입니다.

김태길 교수도 말년에 신앙을 받아들였어요. 딸을 슬프게 잃었는데 그분의 슬픔을 철학이 해결해 줄 수 없거든요. 인간이 한계를 느끼고 더이상 내 힘으로 어떻게 할 수 없을 때 인간은 신을 찾게 됩니다.

시간과 공간의 한계를 지닌 인간에게 종교는 한마디로 '영원에의 동참'이에요. 그렇게 본다면 신앙은 인생의 마지막 물음에 대한 해답이기도 합니다.

살면서 찾아오는 고통의 순간은
어떻게 극복해야 하나요?

힘든 일이 왜 이렇게 많을까요?

이왕이면 즐겁게 편안하게 살고 싶은데,

우리네 인생은 고해의 연속인 거 같습니다.

삶의 고통에도 의미가 있을까요?

교수님은 100년 넘게 사시면서 많은 일을 겪으셨을 텐데,

어려운 순간들을 어떻게 극복하셨나요?

내가 90세가 되었을 때 미국에 갔어요. 그곳에 딸 셋이 사는데 같이 2주 동안 미국, 캐나다, 멕시코를 좀 돌아다녔어요. 하루는 호텔에서 저녁에 이런저런 얘기를 하는데, 막내딸이 먼저 세상 떠난 어머니가 그리웠던가 봐요.

"가만히 생각해 보면 엄마가 조금만 더 지혜로웠으면 그렇게 고생 안 해도 됐을 텐데……."라고 해요.

무슨 얘기냐고 물었더니, 딸이 이렇게 말해요.

"나는 미국 와서 아들딸 둘만 낳아 키우는 것도 이렇게 고생스럽던데, 무엇 때문에 엄마는 우리를 여섯씩이나 키우느라고 많은 고생을 했는지 몰라. 지금 같았으면 안 그랬을까……? 우리 같은 것들을 위해 엄마가 얼마나 애태우면서 고생했을까 생각하면 눈물이 나곤 해. 우리들 옷을 장만하느라고 엄마도 여자인데 옷다운 옷도 한번 못 입어보고. 좀 더 오래 사셨다면 큰절이라도 하면서 엄마, 이제는 우리들도 철이 들었어. 정말 미안하고 고마워, 라고 용서라도 빌고 싶어……."

다른 딸들도 같은 마음인지 말이 없어요. 한참 뒤에 내가 말했습니다.

"엄마 보고서 엄마, 우리 사는 동안에 언제가 제일 행복했어? 그러면 엄마가 뭐라 그럴 것 같으냐. 그래도 너희들하고 고생할 때가 제일 행복했다고 할 거야."

그랬더니 "그건 그래. 그때가 고생은 했어도 행복했던 거 같아."라고 세 딸이 대답해요.

내가 "그 고생 속에는 사랑이 있었거든. 너희들도 인생을 살아보면

195

사랑이 있는 고생이 가장 값진 행복한 인생인 것을 깨닫게 될 거다. 엄마는 이미 그 인생을 끝냈고."라고 했어요.

돌아보면, 은총과 고통이 함께 오는 게 인생인 거 같아요. 무거운 짐을 지고 가는 사람들, 등산을 하는 사람들은 이미 각오하고 있기 때문에 이게 어려움이 안 되고, 고생 없이 편안히 살겠다는 사람에게는 어려움이 오는 것 같아요.

이 나이가 돼서 하나 확실하게 알게 된 것은 사랑 없는 고생이라면 의미 없는 고생일 텐데, 내가 제자들, 가족들, 친구들을 사랑했기 때문에 그리고 외람되지만 민족과 국가도 내가 사랑했기 때문에 그 고생조차도 행복했다는 거예요.

사랑이 있는 고생이었기 때문에 그것이 행복의 전부였다. 그거 없었으면 내 인생이 행복할 게 없었다고 지금 느낍니다.

100년을 살아보니, 고생이 있는 행복이 제일 큰 행복이고, 고생의 짐을 질 줄 아는 사람이 인생을 알게 되는 것 같아요. 그래서 '사랑이 있는 고생이 인생'이라고 나는 믿고 있어요.

가족을 사랑하고, 이웃을 사랑하고, 국가를 사랑하세요. 젊은이들에게 이런 말을 해주고 싶어요. 사랑이 있는 고생을 못해본 사람은 고해(苦海)와 같은 인생, 허무한 인생을 살게 된다고.

요즘 너무들 고생을 안 하려고 하는데 고생을 모르는 사람은 행복을 몰라요.

불교에서 인생은 고해와 같다고 하는데, 옳아요. 그런데 사랑이 있는 고생은 고해가 아니에요. 인류 역사가 살아남은 것은 그 사랑이 있는 고생 때문이거든요.

우리 젊었을 때는 다들 고생이 많았지만, 나도 참 어렵게 살았어요. 그때 얘기 하나 해볼게요.

오래전에 강원도에 강연을 간 적이 있었어요. 강연이 끝난 뒤 그곳 유지 한 분이 일을 돕던 내 제자 김 군을 찾아와 김 교수님께 꼭 선물을 드리고 싶은데 심부름을 해줄 수 있느냐고 물었어요. 그 선물이라는 것이 자기네 목장에서 키우는 염소였어요. 젖을 가장 많이 짤 수 있는 놈을 선물로 드리고 싶다고요.

성실한 김 군이 어떻게든 해보겠다고 했나 봐요. 그분이 삼척역장한테 특별히 부탁해서, 김 군이 화물칸에 염소와 같이 타서 먹이와 물을 주는 조건으로 허락이 됐어요.

저녁 무렵 청량리역에 도착한 김 군은 그 염소를 끌고 연세대학교 동문 앞에 있는 우리 집까지 걸어야 했어요. 그런데 이놈의 염소가 산골에서 살다가 서울 번화가를 걷게 되니 제멋대로 뛰기도 하고 주저앉기도 하고 난리도 아니었대요. 가까스로 종로, 서대문을 지나 북아현동까지 오니까 밤은 깊어지고 더 갈 용기는 없어지고 말았대요.

밤늦게 스승 집에 가는 것도 예의가 아니라고 생각해 북아현동에 있는 지방 학생들을 위한 기숙사에 양해를 구해서 하룻밤을 보낸 뒤 다음날 오전 우리 집까지 염소를 끌고 왔어요.

지금 생각해 봐도 참 대단한 일이에요. 염소를 준 분도 그렇지만 천리 길을 끌고 온 김 군의 노고도 이만저만이 아니었을 거예요.

모친은 소일거리가 생겼다고 좋아하셨어요. 그 염소가 후에 새끼도 낳아 한때는 염소를 네 마리까지 키웠어요. 우유도 귀하던 시절에 애들한테 염소젖을 마음껏 먹일 수 있었어요. 아들들이 뒷산에 올라가 풀을 뜯어오기도 했고요. 그때는 고생이었지만, 지금은 웃으며 회상할 수 있어요.

인생은 '시련이 있어도 아름다운 것'이라고 생각했습니다. 그렇다고 해서 내가 이상주의자는 아니었어요. 서른까지는 이상주의자였으나 전쟁을 겪으며 그 꿈을 포기하고 휴머니스트가 되었습니다. 그래도 아직 버리지 못하고 있는 신념은 '시련은 있어도 인생은 선하고 아름다운 것'이라는 믿음입니다.

우리에게 주어진 시련을 극복하지 못하면 행복도 우리 것이 되지 못합니다. 나는 유소년 시절을 때로는 죽음과 직면하면서 병약한 세월로 보내면서도 그 어려움을 감수했습니다. 연약한 몸을 이끌고 초등학교 6년 동안 10리가 넘는 시골길을 통학했죠. 더위는 참을 수 있었어요. 영하 30도가 보통인 한겨울의 이른 아침과 폭풍이 불어치는 등하굣길을 어떻게 왕복했는지 모르겠습니다. 폭설이 내린 뒤에는 길조차 찾기 어려워 산길과 들판을 헤매곤 했습니다. 어떤 때는 눈이 허리 높이까지 쌓이기도 했고, 집에 돌아오면 목도리 밑에 고드름이 주렁주렁 달려있었습니다. 언제나 나 혼자의 길이었어요.

춘천에 있는 한림대학에서 나한테 무슨 상을 주기로 의논되었다고, 받아주시면 좋겠다고 연락이 왔어요. 그래서 내가 뭐 특별한 직책을 맡은 일도 없고 사회적 업적도 없는데 왜 나한테 상을 주나, 생각해 보니까 하나가 있더라고요. 그건 "오래 사시느라 고생 많이 하셨습니다." 그렇게 주는 상이라면 내가 받겠다고 했어요. 왜냐하면 나만큼 어려운 역사를 산 사람이 드물거든요. 나만큼 가난하게 산 사람도 별로 보지 못했고요.

도무지 나는 재간이 없는 사람이에요. 그런데 지금 와서 가만 생각해 보니까 그 고생이 없었으면 내 인생이 없었을 거예요. 그리고 그 고생이 없었으면 지금 내가 수고하셨다든지, 감사합니다, 라는 인사를 받아보지 못했을 거예요.

그렇게 보면, 그 시련이 하나도 고생이 아니고 나한테 주어진 하나의 복이었어요. 고생했지만 사랑이 있었기 때문에 행복했어요. 그 사랑이 없었으면 행복은 없었을 거라고 말할 수 있어요.

죽음이란 게 마라톤 경기에서
결승선에 골인하는 거라고 생각해요.
마라톤을 시작했으니 결승선을 통과해야죠.
여기까지 최선을 다했다면
그다음이 무엇일지는 생각할 필요가 없는 거죠.
죽음이 있기 때문에 인간은
최선의 인생을 살게 되는 게 아닐까요?

죽음은 어떤 의미가 있을까요?

누구나 한 번은 태어나고 죽어요.

모두에게 공평하게 주어진 것이죠.

살아가는 모습이 다양한 만큼 죽음의 모습도 다양한 것 같아요.

태어난 건 내 뜻대로 못했어도

죽음의 의미만큼은 내가 완성할 수 있지 않을까요?

어떤 죽음이 좋은 죽음일까요?

잘 죽기 위해 우리는 또 어떻게 살아야 할까요?

죽음에 대해 말하려면 죽음 그 자체만 말해서는 불가능할 거예요. 죽음에 대해서는 정말 누구도 모르니까요. 여기서는 내 생사관이라고 할까요, 어떻게 살고 어떻게 죽음을 맞이할 것인가에 대해 이야기 좀 해볼게요.

오래전에 이런 문제에 대해 생각하는 계기가 한번 있었어요. 우리 집이 연세대학교에서 가까운 데 있었는데, 학교 가는 길에 보니까 한 젊은 학생이 부리나케 뛰어가요. 나 혼자 걸어가면서 이런 생각을 해봤어요.

내가 저 학생 보고서 "너 왜 그렇게 열심히 뛰느냐?" 물어보면 이렇게 대답하겠죠?

"강의 시간에 늦어서요."

그러면 나는 또 이렇게 물어봅니다.

"강의 시간에 늦으면 어때서?"

"좋은 성적으로 졸업해야죠."

"그다음엔?"

"취직하고요."

"그다음엔?"

"결혼해서 가정도 가지고요."

"그다음엔?"

"직장 가서 열심히 일하고요."

"그다음엔?"

"늙는 거죠."

"늙은 다음은 어떡해?"

"그땐 죽는 거죠."

"그럼 너 중간 답은 다 빼고 결론만 얘기해라. 너 지금 왜 이렇게 열심히 뛰느냐고 물으면 죽으려고 뜁니다, 그럴 거 아니냐?"

사실 우리 모두에게 죽음이 언젠가 오기는 오는데, 평소에는 죽음에 대해 별로 생각을 안 합니다. 죽음이 나하고 가까워지고 나서야 그때 생각하는 거죠.

요새 웰다잉 운동을 많이 하는데, 좋은 죽음을 맞기 위한 준비로 첫 번째 문제되는 게 죽음엔 고통이 동반하니까 어떻게 고통을 좀 줄일 수 있을까 하는 거예요. 내가 아는 목사님 한 분은 암으로 세상을 떠났는데, 문병 갔더니 너무 고통이 심하다고 해서 못 뵙고 왔어요. 우리가 상상 못하게 힘든가 봐요. 안 그런 사람은 또 괜찮다고도 해요.

그다음 문제는 죽음 앞두고 원한 맺었던 사람들, 고마웠던 사람들 다 만나서 풀고 가라는 거예요. 듣기로 이희호 여사는 세상 떠나기 한 1년 전부터 만나고 싶은 사람 다 찾아서 만나봤다고 해요. 만나서 지난 얘기하고 고맙다는 인사도 하고요. 그렇게 다 정리하고 갔대요. 김대중 대통령이 먼저 돌아가시고 나니까 마음의 준비를 했던 모양이에요.

세 번째는 보통 사람들에게는 해당이 안 되는데, 재산을 많이 가지고 있으면 죽은 다음에 어려움이 있는 것 같아요.

내가 직접 들은 일인데, 사회적으로 알려진 분이에요. 재산이 많으니까 문화 사업 쪽으로 유산을 남겼어요. 주위에서 세상 떠나기 전에 정리하는 게 좋을 거라고 얘기했지만 "다른 사람은 모르겠는데 내

아들딸들은 내가 얘기한 대로 할 겁니다." 하면서 걱정 말라고 했어요.

하지만 막상 세상 떠나니까 문제가 됐어요. 결국은 아들 한 명 못만 가지고 문화 사업을 하니까 당신이 생각했던 것의 3분의 1밖에 안됐어요. 그래서 죽기 전에 정리할 건 다 정리하자는 거예요.

그런데, 이렇게 죽음을 잘 준비한다고 해도 정말 중요한 게 하나 있어요. 죽는 사람 본인은 죽음을 정말 행복하게 맞이할 수 있을까? 죽음 그 자체를 감사하는 마음으로 받아들일 수 있을까? 그건 그 사람의 인격과 생애지, 누가 가르칠 수 있는 건 아니에요.

그런데 제일 불행한 사람이 누군가 하면 죽음 앞에서 공포를 느끼는 사람이에요. 죽음이 정말 두려운 사람이에요. 제2차 세계대전 일으킨 사람이 히틀러, 무솔리니 그리고 일본의 도조 수상이거든요. 그 도조 수상이 사형 받는 장면을 기록한 걸 봤어요.

도조가 사형을 언도받고 형무소에서 죽음을 기다리는데, 얼마나 두려운지 항상 앉아서 "나무아미타불"을 외워요. 밥 먹으면서도 외우고 하루 종일 외워요. 마지막에 교수대로 갈 때도 손 모으고서 암송해요. 밧줄이 목에 닿을 때까지도 그러다가 죽어요. 용서받고 싶은 마음이었겠죠.

그런 마음은 솔직히 말하면, 나는 세상에 태어나지 않았으면 좋을 뻔했다는 거예요. 내 인생 자체가 다른 사람에게 피해와 고통을 줬으니까 태어나지 않았으면 좋을 뻔했다는 거죠. 아마 제일 불행한 죽음일 거예요.

두 번째는 돈도 벌고 명예도 얻고 권력도 가지고 이렇게 소유로 한

평생을 산 사람은 그 소유를 놓고 가는 게 아까우니까 죽기 싫다고 하죠. 이 많은 재산을 남겨놓고 어떻게 죽나 그러죠. 그게 마지막 유혹이라는 거예요.

내 외가 쪽 할아버지 한 분이 정말 열심히 일해서 재산을 모았는데, 위암으로 음식도 들지 못하다가 세상 떠날 때에 한 얘기가 "이 아까운 걸 다 놓고 어떻게 가나."였어요.

그런데, 인간관계를 아름답게 가진 사람들은 죽음이 좀 행복하고요. 복수심이라든지 원한 같은 걸 많이 가지고 산 사람들은 만족하게 죽지를 못하는 것 같아요. 그건 두 가지예요. 용서를 받았으면 좋겠는데 기회를 잃어버렸다는 뉘우치는 마음이고요. 또 하나는 분하고 억울한 마음이에요. 미국의 어느 유명한 정치가가 "내가 그놈보다 먼저 죽다니."라는 말을 남기고 죽었다고 하잖아요.

결국 인간관계를 어떻게 맺었느냐가 죽음의 질을 결정한다고 볼수 있어요. 대부분의 사람들은 가족들하고 같이 지내다 죽으니까 가족들한테 슬픔을 남기지 않고 아름다운 여운을 남기고 가는 게 중요해요.

그런데 죽으면 보고 싶은 사람 못 보는 게 제일 슬픈 거예요. 우리 어머니가 장수하셨는데, 손주들이 와서 "할머니 오래 사셔야죠." 그러면 "오래 살면 뭐하겠냐. 죽기 싫어서 산다."고 하셨거든요. 죽음이 고통스러운 것은 잠깐인데 너희들하고 이별하기 싫어서 오래 산다, 그 말이거든요.

그런데 누구나 죽음을 맞게 되지만, 목적이 있어서 산 사람과 목적

없이 산 사람은 다른 것 같아요. 인생에 뚜렷한 목적이 있어서 산 사람은 죽음이 두렵지 않거든요. 이제 내 일은 다했고 인생의 마라톤이 끝났으니까 내 생애를 과거로 내놓는 거지요. 그런 뜻을 가지고 사는 사람이 자기 인생을 완성한 사람이라고 보고 싶어요.

그래서 죽음이 뭔가 생각해 보면, 더 높은 목적을 위해서 산 사람은 내 시간은 잃어버렸지만 영원한 그 삶의 흐름 속에 동참하게 되는 것이 우리가 원하는 죽음이 아닌가 하는 생각을 해봅니다.

내 일본 대학 동창 가운데 엔도 슈사쿠라는 작가가 있어요. 폴란드의 콜베 신부 이야기에 크게 감명을 받고 유럽 현지에 가서 3년간 조사를 한 다음에 소설을 발표했어요. 오래전에 읽었기 때문에 정확하게 기억은 못하는데, 큰 줄거리는 이래요.

콜베 신부는 제2차 세계대전이 한창이던 때, 유대인을 숨겨준 죄로 아우슈비츠 수용소로 끌려가요. 수용소 생활은 참혹했어요. 신부복도 벗고 죄수복을 입고 강제 노역에 시달렸어요. 탈출하는 사람도 생기니까 수용소장이 한 가지 꾀를 내는데, 탈출한 사람을 못 잡으면 그 방에 같이 있던 다른 한 사람을 대신 죽이는 거예요.

하루는 신부가 새벽에 일어나 보니 자기 옆자리가 비었거든요. 항상 "나는 사랑하는 아내가 있고 세 어린애가 있으니까 집으로 가야한다."고 하던 사람이었어요. 그래서 다들 탈출했구나, 하고 짐작했어요. 이제 잡혀 오면 그 사람이 죽는 거고, 그렇지 않으면 그들 가운데 누군가가 죽게 되는 거예요.

그날 아침 조회 시간에 독일 장교가 "어젯밤에 한 명이 탈출하다가 잡혔다."며 "너희들 보는 데서 사형을 할 것"이라며 한 사람을 끌고 와요. 신부가 보니까 자기 옆 사람이에요. 다들 가슴 아파서 말도 못하고 지켜보기만 했어요

그런데 신부가 참을 수가 없으니까 뚜벅뚜벅 걸어가서 "이 사람을 살려주라."고 해요. "사랑하는 아내가 있고 세 어린애가 있으니까 이 사람이 죽으면 이 사람만 죽는 게 아니고 그 가족 네 사람이 모두 불행해진다."고 말이죠.

독일 장교가 "이 사람 살려주기 위해서 누구 한 사람 대신 죽을 사람 있느냐?"고 해요. 신부가 대신 죽겠다고 나섭니다. 그 사람이 안 들어가고 있으니까 떠밀어서 들여보내요. 그리고 신부는 사형 당합니다.

그날 밤, 다들 수용소에 돌아왔는데 잠들려고 누웠지만 신부의 빈 자리만 눈에 들어와요. 그 사람은 자꾸 흐느껴 울고 다들 마음이 아파 잠을 못 이뤄요. 그때 제일 나이 많은 사람이 이렇게 얘기합니다. "우리 희망을 잃지 말자. 아직도 세상이 이렇게 착하고 아름다운데 희망을 버릴 수는 없지 않느냐."

죽음을 이야기하면서 이런 의미 있는 죽음에 대해서도 한번 말해보고 싶었어요.

나도 언젠가는 죽음을 맞게 될 텐데, 사는 데까지는 열심히 살다가 그때가 되면 기쁜 마음으로 받아들이려고 해요. 가능하면 덜 고통스러웠으면 좋겠어요.

죽음이란 게 마라톤 경기에서 결승선에 골인하는 거라고 생각해요. 마라톤을 시작했으니 결승선을 통과해야죠. 여기까지 최선을 다했

다면 그다음이 무엇일지는 생각할 필요가 없는 거죠.

죽음이 있기 때문에 인간은 최선의 인생을 살게 되는 게 아닐까요? 동물과 같이 죽음을 모르고 산다면 최선의 인생을 못 살지도 모르지요.

인생의 마지막까지 남는 것은
무엇일까요?

더 많이 가지려고 하고,

더 많이 누리고 싶은 것이 우리들 마음입니다.

그런데 인생의 마지막이 되면

세속에서 탐했던 것들이 무슨 의미가 있을까요?

그때가 되면 그 모든 것들이 헛되게 느껴질까요?

모든 것이 헛되다고 느껴지는 순간에도

우리 곁에 남아 삶을 의미 있게 해주는 것은 무엇일까요?

나이 들면 새로 생기는 게 많을까요, 잃는 게 많을까요? 귀찮은 건 많이 생기고, 소중한 건 자꾸 잃어버리게 되는 것 같아요.

50세가 넘으면서부터는 우선 신체적으로 잃는 것이 많아요. 건강도 예전 같지 않고 기억력도 쇠퇴하죠. 열정이나 호기심도 줄어들고요. 젊을 때는 왕성하던 이성간의 욕망도 약화되는 게 자연스런 현상이지요.

나이 들어서도 그대로 남는 것이 있다면 소유에 대한 욕망이에요. 재물에 대한 욕심은 60, 70세가 돼도 줄어들지 않아요. 친구가 비싼 차를 타고 다니면 나도 타고 싶어져요. 명예욕도 그중 하나입니다. 다른 사람들이 유명해지는 것을 보면 나도 그렇게 되고 싶어져요. 권력과 지배욕도 줄지 않는 것 같아요.

그러다가 80세가 가까워지면서 그 왕성했던 소유욕도 줄어들기 시작해요. 소유해 보니까 별것 아니더라는 생각도 들고요, 소유해 보겠다는 욕심조차도 없어지고 말아요. 이때는 주위에 사랑하는 친구나 가족도 하나둘씩 내 곁을 떠나기 시작해요. 하루의 일몰이 쓸쓸하듯, 인생의 노년도 쓸쓸해져요.

다 잃어버리거나 모두 떠나버리고 말면, 무엇이 남을까요?

내가 열네 살에 중학교에 갔어요. 우리 시골에서는 내가 처음 중학생이 되었는데요. 내가 아버지한테 가서 "아버지, 내가 오늘 학교에 가봤더니 중학교에 합격이 되었어요."라고 하자, 아버지가 이런 말씀을 들려주셨어요.

"형석아, 네가 이제부터 긴 인생을 살아갈 텐데, 너 자신과 네 가정

걱정만 하면서 살면 네가 가정만큼밖에 성장을 못한단다. 가정과 더불어 네 인생이 끝나는 거다. 그러나 이웃과 더불어 좋은 직장을 만들고 직장에서 열심히 일하게 되면, 네가 그 직장의 주인이 되어 그만큼 성장할 수 있단다. 그런데 같은 사람이 항상 민족과 국가를 걱정하는 마음을 가지게 되면, 자신도 모르는 동안에 그만큼 성장하고 민족과 국가에 이바지할 수 있는 인생을 살게 된단다."

우리 아버지가 나에게 그런 말씀을 주신 것은 일제 강점기니까 그랬겠죠. 그런데 우리 아버지는 옛날 분이기 때문에 학교 교육은 전혀 받은 적이 없어요. 교회에서 성장하셨는데 지금 생각해 보니까 바로 그것이 기독교 정신이에요. 기독교에서는 '네 이웃을 내 몸과 같이 사랑하라.'고 가르치지요.

긴 인생을 살아보니까 우리 아버지의 말씀과 더불어 그런 생각을 가진 사람들과 어울려 산 인생이 참 행복했다는 생각이 들어요.

저는 초등학교 때 친구들하고는 그저 즐겁게 놀았고요. 고등학교, 대학 친구들과는 성장하는 데 서로 도움을 주었어요. 어른이 된 다음에 가장 행복한 건, 같은 목적을 위해서 함께 일할 수 있는 친구가 있었다는 거예요. 안병욱, 김태길 교수와 50년 동안 공동체의식을 갖고 같은 분야에서 함께 일하고 같이 우정을 나누었어요. 그런데 두 친구가 다 떠났어요.

안 선생의 건강이 좀 좋지 못하게 되었을 때, 전화가 왔어요.

"김 선생, 나 요즘 이런저런 생각 많이 해보는데, 이런 얘기를 한번은 해보는 게 좋을 것 같아서 전화 걸었어요."

"무슨 그렇게 심각한 얘기하세요?"

"이건 내 예감이에요. 김태길 선생이 먼저 가고 우리 둘이 남았는데 아무래도 김 선생이 혼자 남을 것 같아요."

내 직감에 지금 안 선생이 먼저 가려고 친구로서 나한테 유언을 하려는구나, 하는 생각이 들었어요. 안 선생이 몇 가지 얘기를 남겼습니다. 하나는 "혼자 남더라도 너무 힘들어하지 마세요. 누구에게나 올 수 있는 겁니다." 그거고요. 나머지 이야기가 뭐고 하니 "김 선생은 우리보다 정신력이 강하니까 우리가 남겨놓은 일을 다 마무리해 주실 거예요." 그게 안 선생이 나에게 남겨준 친구로서의 마지막 유언이라고 할까요. 그래서 지금도 피곤하고 어려움이 있어도 그 두 친구가 나한테 남겨준 요청을 잊을 수가 없어요. 요즘도 지방에 강연을 가면 많은 사람들을 만나는데, 다들 나한테 와서 "안 선생 참 고마웠다."고, "김태길 선생 참 수고 많이 해주셨다."고 인사를 해요. 어떤 사람은 안병욱 선생 책을 가지고 와서 안 선생 대신 내 사인을 받아가기도 해요. "이 편지를 안병욱 선생님께 드리고 싶었는데 안 계시니까 교수님한테 드린다." 면서 나한테 편지를 주는 분도 있어요

내가 여러분과 나누고 싶은 결론이 뭐냐 하면, 내 나이까지 쭉 살아보니까요, 내가 나를 위해서 한 일은 남는 게 없어요. 돈 벌어본 것 같고요, 명예 얻은 것 같고요, 자랑스럽게 산 것 같아도요, 마지막에 가서 보면 내가 나를 위해서 산 것은 다 흩어지고 말아요. 없어요. 오히려 그것을 그대로 가지고 있으면 부끄러움밖에 남을 것이 없어요.

그런데 이웃과 더불어 사랑을 나눈 사람, 사회에 조금이라도 도움

을 주기 위해 애쓴 사람, 거짓이 많은 세상에서 진실을 가지고 함께 산 사람, 정의가 무너진 사회 속에서 정의롭게 살려고 노력한 사람은 인생의 마지막에도 남는 것이 있어요.

내 나이가 돼서 또다시 생각을 해보니까요. 누가 성공했는가? 누가 실패했는가? 누가 보람 있게 살았는가? 누가 보람 없는 인생을 살았는가? 그건 얼마나 더 많은 사람들에게 사랑을 나누어 주었나로 구별되는 거예요.

내가 가진 것은 머리끝에서부터 발끝까지 전부 다른 사람이 나한테 준 것이지, 내가 만든 건 하나도 없어요. 심지어는 내 목숨까지도 부모님이 주셨어요. 내가 오늘날 이만큼 지식을 가지고 사는 것도 많은 선배들과 또 스승을 통해서 받아들인 거예요. 가만 생각해 보면 내가 가진 소유라고 하는 건 99.9까지 다 남이 준 거예요.

내가 내 인생을 이렇게 살고 있다는 건 모든 것을 전부 다른 사람한테서 받은 덕분이에요. 그런데 나는 그 많은 것을 받으면서 무엇을 보답하고 있었는가, 생각해 보면 가르치는 거 하나로 사는 거예요.

그렇다면 적어도 내가 할 일은 최선을 다 해야 하지 않겠는가? 또 내가 받은 것만큼 사회에 베풀고 봉사해야 하지 않겠는가? 이런 걸 깨닫게 됩니다.

결국 내 즐거움, 내 행복이라고 하는 것은 내가 만들어 차지하는 게 아니고 남이 만들어서 주는 거예요. 예를 들어, 내 아들딸들이 행복하니까 아버지로서 내가 행복한 거예요. 내 제자들이 보람 있게 사니까, 스승인 내가 인간답게 살게 되는 거예요.

그러니까 내 인생은 나를 위해 있는 것이 아니고 보답하기 위해서, 주기 위해서 있는 것이라는 생각을 하게 돼요.

요새 무한 경쟁이라는 말을 씁니다만, 다들 각박한 경쟁 속에서 힘들게 살다가 늙어버리는 인생에도 행복이 있을까? 그런 걱정을 함께 해보는 때가 오면, 그래도 인간애가 상실되는 사회가 오면 안 되겠다는 생각을 하게 돼요.

나는 그렇게 살아보려고 내 친구들과 함께 노력했는데, 여러분도 사랑하는 이웃들과 더불어 그런 뜻을 가지고 새 출발 할 수 있지 않을까요? 그렇게 권하고 싶습니다.

추천의 말

언젠가 엄마는 60을 넘긴 아주머니에게 이렇게 말했다. "예순일곱은 아직 애기야!" 그때 엄마 연세가 일흔 중반이었는데 그 뜻을 김형석 선생님의 말씀으로 다시 만났다. 정년퇴직으로 학교를 떠나게 되었을 때, 선생님은 이제 대학 교수직을 졸업했으니 졸업생으로서 사회에 나가 열심히 일해보 겠다고 다짐하셨단다. 학생이 학교를 졸업하면 사회 활동에 본격적으로 뛰어드는 것처럼 말이다. 나는 이 대목을 몇 번이나 읽고 또 읽었다. 올해 103세를 맞으시고도 영육 간에 모두 건강하신 비법이 이런 '시선'에 있는 듯해서다. 독서란 애초에 자신을 돌아보는 행위지만 이 책은 더더욱 그렇 다. 지혜를 갖지 못한 우리들은 스물 몇 청춘에도 불안을 느끼고, 마흔이 넘으면 어떻게 살아야 할지 막막한데, 선생님 말씀을 읽노라면 내 인생도 선생님처럼 잘 살아보고 싶다는 의지가 막 솟는다. 사는 게 막막하고 길 을 잃은 듯할 때 그저 책을 펴 읽어보시라. 독자들이 던진 31가지 인생 질 문에 자상하게 답해주신 문장들이 귀하다.　　　**최인아(최인아책방 대표)**

김형석 교수가 97세가 되던 해에 처음 뵈었다. 초롱초롱한 눈빛으로 '희망 과 창조'를 전하는 노인 앞에 섰자니, 나는 어쩌자고 두 손 놓고 늙기로 했 던가 부끄러움이 밀려왔다. 그사이 선생은 103세가 됐고, '100년의 시 간을 성실하게 통과한 자'만이 터득할 수 있는 새로운 층위의 지혜를 『인 생문답』에 담아냈다. 『인생문답』은 신기한 책이다. 시간의 빅데이터가 선 사하는 '따뜻한 잔소리'일 줄 예상했으나, 놀랍도록 산뜻하고 웅장한 '지 혜의 랩소디'였다. 100년이라는 데드라인을 유연하게 넘긴 철학자의 언어 는 더 유머러스해지고 더 디테일해졌다. 자기 삶을 재료로 발화된 '구어

체' 문장을 읽으며, 우리를 사랑해 준 사람이 우리에게 받을 수 있는 마음의 대가가 바로 권위라는 사실을 반갑게 인정했다. 보통의 인생을 사는 100인의 질문과 김형석 교수의 답을 엮은『인생문답』은, 그렇게 젊음이나 늙음조차 고정된 생물학의 범주가 아니라 '얼마나 잘 섞이고 있나' 화학의 신비 안에 있을 뿐이라는 사실을 일깨운다. '루틴과 성실'로 '자기됨'을 이뤄가는 모든 사람에게 이 책을 권한다. **김지수(조선비즈 문화전문기자)**

인간의 삶은 유한하다. 기껏해야 100년이다. 가끔 생각한다. 만약 인간이 우주의 시간을 품고 살 수 있다면 얼마나 좋을까. 그럼 더 지혜롭게 살 수 있지 않을까. 소소한 삶의 희로애락에 휘둘리지 않고, 막다른 골목에서 허우적거리지 않고, 큰 강물을 따라 각자의 바다에 닿을 수 있지 않을까. 김형석 교수에게는 그런 '우주의 눈'이 있다. 어제의 고민, 오늘의 짜증, 내일의 걱정으로 한치 앞을 못 본 채 허둥대는 우리에게 그가 건네는 '100년의 눈'은 지혜롭게 사는 법을 일깨운다. 작은 일상에서, 또 큰 인생에서 무엇이 정말 중한가를 일러준다.『김형석의 인생문답』을 읽다 보면 나도 모르게 내 삶의 뿌리가 튼튼해지는 기분이다. "왜?"라는 삶의 물음에 스스로 답할 수 있는 근육을 키워주기 때문이다. **백성호(중앙일보 종교전문기자)**

사회적으로 성공한 것처럼 보여도 행복하지는 않은 사람이 많다. 이 책에서 나를 붙잡은 질문은 '성공과 행복 중 한 가지를 택하라면?'이었다. 김형석 교수는 "5를 가지고 태어났는데 7을 이루면 성공한 사람이고, 9를 타고났는데 7에 그치면 성공하지 못한 사람"이라며 "하고 싶은 일을 할 수 있고 최선을 다할 수 있다면 그것이 행복"이라고 답했다. 이 철학자가 100세가 되던 해에 소망을 여쭌 기억이 난다. "98세 때 가장 건강하게 일을 많이 했으니 해가 바뀌어도 '새로운 98세'처럼 생각하기로 했다."는 현답을 내놓았다. 요즘도 매주 강연을 하는 그가 뭉근한 지혜를 모아 『김형석의 인생문답』을 펴냈다. "당신이 있어 참 행복했습니다."라는 인사를 받을 수 있다면 '행복한 성공'이라 했는데, 김형석 교수야말로 그런 사람이다. 내게는 여전히 98세로 보인다.　　　　　**박돈규(조선일보 문화부 기자)**

나보다 더 많은 인생의 시간을 보낸, 좋은 어른에게 질문을 할 수 있는 기회가 주어진다면 과연 나는 어떤 질문을 할 수 있을까? 독자 100명의 질문에 김형석 철학가님이 답했다. 100명의 질문은 늘 내가 했던 고민이었다. 결국 우리는 모두 비슷한 고민을 안고 살아간다는 것을 느낄 수 있다. 읽는 내내 너무 좋아서 눈물이 날 뻔했다. 필사하고 싶은 구절이 한두 개가 아니다. 사는 게 답답하고 흔들릴 때마다 이 책은 우리에게 길잡이가 되어줄 것이다. 얼른 많은 사람들이 읽었으면 좋겠다. 수많은 질문과 그에 대한 답을 통해 위로받고 다시 한번 인생을 나아갈 수 있는 힘을 얻을 수 있을 것이다.　　　　　**이승희(마케터, 『기록의 쓸모』 저자)**

'경험이 미래에게'

미류책방은 미미와 류의 2인 출판사입니다.

경험이 미래에게 들려주는 수북한 시간들을 담으려고 합니다.

책을 만들고, 책을 읽는 그 모든 시간들이 아름답게 흘렀으면 좋겠습니다.

그리하여 먼 훗날, 한 그루 미류나무처럼

우리 모두 우뚝 성장해 있기를 소망합니다.

김형석의 인생문답

초판 1쇄 발행 2022년 2월 3일
초판 10쇄 발행 2023년 9월 10일

지은이 김형석
발행인 양진오
편집인 미미 & 류
발행처 교학사

등록번호 제25100-2011-256호
주소 서울 마포구 마포대로 14길 4 5층
전화 02-707-5239
팩스 02-707-5359
이메일 miryubook@naver.com
인스타그램 @miryubook

ISBN 979-11-88632-03-9 (03190)